靈源夢話

靈源老和尚 著

〔導言〕菩薩在夢中說法

佛教有一個譬喻，佛菩薩常為不請之友度化眾生，而進入眾生的生死大夢中點醒世人，眾生在夢醒之後，發現人生只是一場虛幻的夢境，最後覺悟空空無大千，連佛菩薩也不見了。可是我們從學佛的開始，就常聽到無常、苦、空、無我，那究竟夢中學佛是真還是假呢？尤其在我們學佛生命轉變的過程中，佛菩薩就漸漸地隱形了，是否要等到旁人稱呼我們一聲「菩薩」，才會略有所悟呢？

靈源老和尚在小時候，是個學過仙道的痲子，學佛後才知三教九流不如見性成佛，待抄得一部《楞嚴經》之後，漸得滿面痲皮盡退的感應。但要如何實修呢？以老和尚的心得來說，是先熏習禪法的知見，修學戒、定、慧三無漏學的根本，再發菩提心、行菩薩道。當老和尚在年老時走不動了，身旁的師長及道友也相繼謝世時，卻還能回憶起從小聽到的兒歌，彷佛人生就像燕兒要飛過婚嫁之門，空中卻有太多選項，還好菩薩會提醒生命是一場春風吹、朽木凋的過程。

這本《靈源夢話》收錄了老和尚兩本著作的內容，一是《靈源夢話集》，為民國七十年適逢老和尚八十世壽，由弟子們編輯出版的文集，加上先前至大覺禪寺請法時，收集到的一本《大覺小志》，是早期民國五十五年出版之寺志。是故本書卷一，「夢話」敘述眾生的無明如同長夜迷夢，菩薩卻老婆心切地唱了搖籃曲，直教人參透生死本來面目。

接著卷二，「大覺」則示現空花水月的寺院創建過程。一般來說，創建道場是讓眾生安心學佛，僧眾也會進入「佛學院」修學，雖然靈源老和尚在課程上，也講授過幾部大經大論，但是老和尚籌辦時卻稱為「學佛院」，內涵不是以佛學為主，如本書〈十方大覺禪寺大覺學佛院緣啟〉一文所言：不重文字，專重行持，以參禪念佛為課，經教文字為助品，學佛只揀擇一二法門修持，此其所以別也。

由於靈源老和尚是虛雲老和尚親自剃度的法子之中，唯一經香港渡海來臺弘化的禪師，如何傳承發揮虛雲老和尚的精神，我們從寺院創建的過程中，可以感受到他的願力。在〈十方大覺禪寺募化緣啟〉一文中，可以看到老和尚的初衷是創建十方叢林，其改造的大雄寶殿，是仿雲門大覺寺之大雄寶殿樣式，後來募建的天王殿都是香港地區的善信功德，可見靈源老和尚的願力與法緣之廣。老和尚循此悲願耕耘至民國六十年，十方大覺禪寺住僧已達四十餘眾，為臺灣僧伽最多之道場，這在臺灣佛教史上，是值得留下的一筆紀錄。

可是空花水月的佛事真的這麼容易創建嗎？我曾經聽過靈源老和尚的弟子口述歷史：其實五〇年代臺灣佛教的經濟是很困難的，老和尚在建寺安僧、籌辦學佛院的雙重經濟壓力下，自然也要辦經懺佛事來維持道場，還要親自畫水陸畫所有掛軸，解決莊嚴物品的不足（請看本書書末的法器經懺附表，辦水陸法會時，全寺竟然只有五把引磬）；老和尚也是環保的實踐者，傳統水陸送聖時要燒的牌位、西方船、報馬信使全部不燒了，只燒一些信眾送來的紙蓮花，這也算是一段佛教經濟史的縮影吧！

靈源老和尚的生命智慧，足以使人長夢醒悟，讀者如果有心細讀的話，會感通到這本書的編輯次第，就像夢中電影一般，在在述說著法師與寺院的生命故事，法鼓文化誠摯希望藉由出版老和尚的人生智慧，開啟眾生光明的心靈世界。

民國一〇三年（二〇一四年）三月五日

釋果興於法鼓山香港道場

靈源自傳

靈源原籍浙江臨海，父傅映庚，母謝美雲，生於光緒二十八年，壬寅四月，自幼多病，三歲時，右頰生一大肉瘤，頭抬不起來，非常痛苦，無法醫治，母禱觀音大士，每日焚香禮拜，自二月十九日至九月十九夜，母夢大士摸我面，瘤即漸降至頸，乾癟而癒。

初學語時，母即教我念佛唱歌，歌曰：「教你曲，教你歌，教你劈篾做淘籮，教你牽牛過大海，教你一心念彌陀，教你曉得生死苦，教你念佛出娑婆，娑婆世界苦無邊，無邊生死永不休，念佛了得生死苦，從此不再見閻羅。」我後繼云：「媽媽的歌我喜唱，我唱此歌把心修，父母慈恩賞思報，誓出娑婆不再遊，願我父母早成佛，我今頂禮向佛求。」

我十二歲時出天花，牛痘病後滿臉滿身都是痳皮，醜陋非常，母說教我，多念觀音菩薩，至十五歲，痳皮盡退。二十歲，畢業於浙江第六中學，是年結婚，旋即任故鄉各中小學教席。年二十五，潛伏天台山出家，為父知之而追回，洎三十一歲，厭離之心大熾，乃離家赴福州石鼓山湧泉寺出家，禮上虛下雲老和尚乞度，虛公親為披雉，序為徒孫，時民國二十一年也。

民國二十二年受戒時，上應下慈老法師為羯磨阿闍黎，講《梵網經》上、下卷，戒期圓滿後，隨羯磨和尚上應下慈老法師，至寧波天童寺結夏安居，又聽《梵網經》上、下卷三個月。回鼓山入法界學院，親近上慈下舟老法師，學《八十華嚴》三年，詳研四分戒。民國三十五年又至常熟寶岩寺親近，上應下慈老法師學《四十華嚴》及《楞嚴》，興福寺學《五教儀》。民國二十六年朝五台山，逢蘆溝橋事變，不能下山，在廣濟茅蓬閱藏三年。民國二十九年，在日軍淪陷區中已經安定，由五台返回上海，適逢上應下慈老法師講晉譯《六十華嚴》，又聽講三年。民國三十四年，國土光復，次年朝九華山，朝峨嵋山，回至上海，住青蓮寺，再住普濟寺，在江浙兩省，凡遇講經法會都去參加。

民國三十六年奉虛公之召，赴南華受任住持，光陰如箭，不覺國難又來，共產黨禍國，民國三十八年避難香港，民國四十二年應南懷瑾居士之邀來臺，次年興建十方大覺寺，民國五十三年辦大覺佛學院，開講佛說《梵網經》上、下卷，《賢首五教儀開蒙》、《大乘起信論》、《八識規矩頌》等，助教者，有寂光老法師講

《楞嚴經》，呂懷賓老居士講《金剛經》，未及一年，而佛學院停辦，迄今更無良好因緣，光陰如電，老死將至，唯有長嘆休息而耳。

（原收錄於《靈源夢話集》）

靈源和尚略歷

靈源和尚，浙江臨海傅氏子，生於前清光緒二十八年壬寅四月初八日。少時多病，其母禱觀音而癒。民國十年，卒業於浙江第六中學，旋即就任故鄉各中小學教席。因病中讀《楞嚴》徵心無處，感性空妙理，大起疑情。遂手抄《楞嚴》，究心上乘。昔日因病天花而面痲，迨《楞嚴》抄畢，即不藥而癒。年二十五，潛赴天台山出家，為父知之而追回。洎三十一歲，厭離之心大熾，乃離家赴福州石鼓山湧泉寺依上虛下雲老和尚乞度，虛公親為披雉，序為徒孫。旋因慈舟老法師應虛公之邀，任鼓山講席，得侍慈老為閱藏助手，達一年。備蒙熏陶，行持精進，於諸經論律學靡不涉覽。且慈老以念佛為參禪基本工夫吩囑，和尚畢生專志，持而不倦。嗣又應慈老法師至常熟，深究《四十華嚴》宗旨後，更學《楞伽》閱一寒暑。從此北禮文殊於五台，在冰雪堆中，閱藏三年，出而弘法於各省。旋又西朝普賢於峨嵋，禮地藏於九華，覲觀音於普陀，行腳參訪，跡遍南北。民國三十三年，住持三昧禪院。民國三十六年奉虛公之召，赴南華受任住持。民國三十九年避地香港大嶼山。民國四十二年，應南懷瑾居士之邀來臺，興建十方大覺寺，名動諸方。和尚難行苦行，事每躬親，領眾慈祥，無疾言厲色，足為法門儀範。著有《山居雜語》、《淨業綱要》、《梵網經集義句解》等書。

民國五十五年（一九六六年）南懷瑾

（原收錄於《大覺小志》）

目錄

卷二　大覺

卷一

夢話

《靈源夢話集》自序

人生在世猶如春夢一場。靈源原籍浙江臨海，生於光緒二十八年壬寅，恍惚之間到了民國七十年辛酉，已屆八十年華了。憶自少年由小學而中學畢業，遇仙師降乩而學道，繼而由道轉佛，民國二十一年在福州鼓山湧泉寺禮上虛下雲老和尚出家，三十一歲剃度，三十二歲受戒，入鼓山法界學院學《八十華嚴》，民國二十五年法界學院畢業之後，至上海、常熟、南京、寧波等地，隨上應下慈老法師學《楞嚴》、《楞伽》、《法華》，《四十華嚴》等大乘經典。民國二十六年夏朝五台山，逢遭蘆溝橋事變，日軍到處破壞，交通斷絕，隨在五台山廣濟寺閱藏三年，至民國二十九年回上海，再隨上應下慈老法師學《六十華嚴》。

抗戰勝利之後，朝九華、朝峨嵋、遊杭州，遇有講經法會都去參加聞法，金山、高旻各期禪七亦去隨喜。民國三十六年回南華寺，民國三十七年住雲門寺，民國三十八年奉師公命為南華寺住持，時赤焰已熾，國軍撤退之後，民心驚恐，各地土共，爭來借糧，數百石倉穀，被借一空。吾於是推讓住持職。

自民國三十九年至香港住大嶼山，民國四十三年來臺灣基隆，先後寫了幾十篇在佛刊中發表，今由知昌一一集中起來，將欲出版，問序於余，吾言此皆夢人說夢話耳，名之曰《夢話集》可也。

（原收錄於《靈源夢話集》）

佛與神的不同分別

世間上的法不出二種：一種是有為法，一種是無為法。有為法出生二種世間：一種是智正覺世間，一種是器世間。在智正覺世間中有所謂神與聖的不同。神則在六道輪迴之內；聖則超出六道輪迴之外，不受六道輪迴之苦，而乘願再來。願受六道輪迴之苦，不受六道輪迴之拘束。超出三界之外而入三界普度眾生，即佛菩薩是也。

所謂六道輪迴者，天、人、阿修羅、地獄、鬼、畜生。吾人平常所見的只有二道，人道與畜生道是。天、阿修羅、地獄、鬼，此四道是常人所不能見的。有說是迷信，古人妄造的，不知吾人知識有限，若不讀古人書，不依古人歷代相傳，再自行發展研究，一生一世所知不多，必無一事成功。故無論科學、哲學、物理、化學，先讀古人之書，再自行發展，則今人超過古人。國家社會，日漸文明，進步無限矣。論世間如是，若論出世間佛法，佛已究竟菩提，是無量阿僧祇劫修學成功的。吾人尚在迷昧大夢之中，縱經百年修學，尚在迷惘；或能徹悟，仍在初發心中。初地不知二地事，佛的一真法界之境，吾人尚未夢見在，何能超佛越祖？所以佛經，吾人只有信而不能疑。佛說六道輪迴，十法界、體相用、四諦、十二因緣、三十七道品、參禪、念佛、唯有一門深入，斯可抵達，而無疑慮之可能。否則徒過一生毫無成就。若禪宗起疑情，是向自己起，如何是我的本來面目？念佛是誰？透得過來，即是徹悟，一生大事畢矣。

中國的儒道二教，都是法天制命，以天道為極則，尚不知天外還有天也。於三界中但知有欲界，於六欲天中但知有忉利天。故以王母娘娘、無極老母、八洞神仙，以為最高究竟。不知有男有女，尚在欲界天中，以忉利天為最高。夜摩、兜率、化樂、他化，尚未夢見在，何況欲界天之上還有色界十八天，無色界四空天。四禪八定的工夫都沒有，妄言出三界與佛相比，遙遠地很。

有人以為六道輪迴，蚊蟲螞蟻，生生世世都為蚊蟲螞蟻，人則生生為人，天則生生為天。不知天道不修，天福享盡，輪墮為畜生、為餓鬼、為蚊蟲、為螞蟻。六道之中互為升沉。彼以上帝為能造，不知能造的是我們自己的心，「應觀法界性，一切唯心造」。

生死事大，無常迅速，若不讀佛經，縱有榮華富貴，極一生之享受，百年光陰一剎那就過去了，輪轉惡道，自己不修，佛力所不能拔。信上帝亦是無用的。若欲為神，則忠直報國，如古之關公、岳飛、張巡、鄭成功等，今之國父、蔣總統等。有福德則為神，無福德則為鬼。若欲為佛，則勤修戒定慧，息滅貪瞋癡，一心參禪念佛。當知利益於人，則是利益自己；若宰殺生靈拜拜，或言上帝賜與人類吃的，則殺生報生，怨業深結，罪過無邊。

佛教遠超儒道之上

夫道者路也，乃是從因至果的一條大路；非可言說，非不可言說。徹之者頭頭是道，語默皆是。昧之者，處處具非，意想不及。老子云：「道可道，非常道。」此以不可言說為道，偏於無言，非正道也。又云：「人法地，地法天，天法道，道法自然。」此以自然為究竟者，非正道也。《楞嚴經》中破之詳矣。又道者，法也；乃修因至果的方法。得之者，名曰四聖。失之者，號曰六凡。故道通善惡，十法界皆名曰道。所謂佛道、菩薩道，乃至餓鬼道、地獄道。《六祖大師法寶壇經》云：「色類自有道，各不相妨惱。」故云：「道在尋常日用中。」蓋一念方起，即落於十法界矣。故斯道在凡即是貪瞋癡，在聖名曰戒定慧。為聖為凡都在吾人一心。一心開二門：一、心真如門，二、心生滅門，即真妄二心也。心不繫道，亦不結業，名曰到彼岸的大解脫人。但未得解脫，未至彼岸者，須假舟航。斯舟航者，即道之妙喻也。

今欲言道，先明心識本末。孔子云：「物有本末，事有終始，知所先後，則近道矣。」故吾人欲擇末歸本，返妄歸真，先當明心見性。蓋「心」與「性」是真妄之本源。真心曰性，妄心曰識。識是諸妄之本，故曰萬法唯識。性是不生不滅之真理，故能窮理盡性，則一生大事畢矣。窮理盡性，語出《周易・繫辭》。彼曰：「窮理盡性，以至於命。」彼註云：「理謂理數，性謂性能，命者生之極，窮理則盡其能。若窮其理數，盡其性能，則順性命之理。」又以「天賦為命，天命之謂性，率性之謂道」。在佛教雖借用其文，而不用其意，故文同義別。「理」謂道理真理；「性」謂法性心性。不取天賦，故不言命。

《大乘起信論》云：「心真如者，即是一法界大總相法門體。」謂真如一法，橫對諸事曰「理廣」，豎窮一法曰「性深」。然在無情曰「法性」，在有情曰「心性」，亦曰「佛性」，亦名「本覺」，亦曰「如來藏」，即顯教中所說「真性」是也。謂色心等法，從緣而生，不屬天賦，無實自性，全是如隨緣所成，故萬法皆以真如而為本源。《圓覺經略疏序注》云：「萬法虛偽，緣會而生，生法本無，一切唯識，識如幻夢，但是一心，心寂而知，目之圓覺。」夫心意識三、皆有生滅，離心意識參，名之曰禪。《文殊師利問經》云：「心者聚義，意者憶義，識者現知義。」《楞嚴經集註》云：「《俱舍論》云，集起名心，籌量名意，了別名識。」

《大乘密嚴經》云：「藏識是心，執我名意，取諸境界說之為識。」皆小異而大同，都屬於生滅。

學世間法，全仗口議心思；學出世間法，用口議心思則遠矣。佛不云乎是法非思量分別之所能解。《永嘉證道歌》云：「損法財，滅功德，莫不由斯心意識。」佛言：「心者，制之一處，無事不辦。」但非告子之不動心。告子強制其心而不動，念起即遏，遏捺令靜，是灰其心而不起。佛是制之使歸於一處，不離用心，是用心不二。彼是豁達空，此是思惟修，彼之強制只辨得一味頑空；此是一處功成百千三昧靡不具足，故曰無事不辦。兩不同途，未可並論。或言：「本來無一物，何處惹塵垢，全是空寂境界，何異於告子不動心耶？」答曰：「告子遏捺其心使之不動，曹溪無心可動，不須遏捺，烏云同耶？」

性之一字，三教同說，然佛之所說超然於孔老者甚多。蓋老子雖亦宗性，以未親見，故但曰恍恍惚惚窈窈冥冥。孔子雖宗性，然未見於六合之外。若佛則親到親見。即其弟子中如阿那律，亦能觀大千世界如掌果，孔老尚不能及。故佛之教義空前絕後，無以復加也。更設十種料揀以明之。

1.佛之所謂性者，不同子思之天命性；以彼是天賦之謂，此是本具之謂。

2.佛之所謂性者，不同孟荀之善惡說；以彼是相習成性，非是本性。

3.佛之所謂性者，不同告子生之謂性；以彼是生義，此是無生義。

4.佛教所謂性者，不同老莊之自然性；以彼是渾然不知其所以然，此是明知而不起覺知。

5.佛教所謂性者，不同道家之先天性；以彼是始清終濁義，此是本末一如，隨緣不變義。

6.佛教所謂性者，不同天性之謂；以彼是與生具生之習，非是性。

7.不同文學家之性天說；以彼雖含有本源洞徹義，而缺周遍圓常，隨緣不變等義。

8.不同老子之所謂道；以彼謂道生一等，此是無生。又彼是恍惚窈冥此是靈明洞徹。

9.不同《易》之謂元；以元字雖含有亨通貞正義，而其所括之理，不過是宇宙間一種窈冥莫測之象，非是了然洞徹，法住法位之本禮。

10.佛教所謂性者，不同理想意料之所有者，亦非影響揣揣之所有者，乃是親見親證所履踐者。

有此十料揀可知佛所說之性，與孔老別。蓋孔老所言乃性上之差別義，而於性上之本義未夢見在也。

性之本義有三：

1.本現成義：謂凡言性必是從本以來現在成就。此揀由積集而後起，不得言性也。

2.不變壞義：謂凡言性必常住不變，永存不壞，此遮隨緣收轉，不得言性也。

3.遍一切義：謂凡言性，復雖遍一切法，無所偏缺。此遮各有早已落在天地之後矣，何名先天耶？又父母未生以前者連父母都未曾生，即一念不動，未入母胎以前。若一入母胎，則非父母未生以前矣。傅大士云：「有物先天地（天地未分以前也），無形本寂寥（真如包含太虛），能為萬象主（能造天地萬物為天地之主），不逐四時凋（不為天運之所轉移）。」此佛教所說先天，遠超儒道二教也。故佛門用工，不言陰陽五行，四象八卦等外說也。

太極生兩儀，兩儀生萬象。兩儀者何？輕清者為天，重濁者為地。夫輕清之天，空漠無朕，但有名言，都無質種，云何能生萬物？重濁之地，實唯蠢然大塊，既為萬象（日月星辰）之一象，亦斷無能生萬象之理。不知輕清者，乃不妄不異之第一義天。重濁者，因緣所生，依他而起。內自身心，外洎山河大地，皆是妙明真心中物。

儒道所談至大者，不過天地而已，而人畜萬物，皆在天地之中，故其所論不出天地之外。莊子云：「六合之外，聖人存而不論。」則知天地之外，孔老非實不知（孔子是儒童菩薩，老子是迦葉尊者），但世人智淺，未足與議。《論語》云：「夫子之言性與天道，不可得而聞也。」況象外乎，可知儒道二教之徒，不唯不知修性，亦不知修命也。何以故？孔老未之傳故。今有強拉儒道用以攙入佛教，而云三教同源，不知以儒治世，以道治身（通任督二脈可以長生不老），以佛治心，世出世間法宗趣各別。今外道捏造非佛非儒之邪訣，用以惑人，受愚者，遍地皆是，余既知其非，故為說破，略而言之如上，詳具藏經諸論部，如《弘明集》、《折疑論》、《護法論》、《辯偽錄》等，請自檢閱。

問：汝言以儒治世，然《大學》之中所說修身正心誠意，豈非身心並治乎？

答：《大學》所說「修身正心誠意」，亦為治世之法耳。所謂欲治其國者先齊家，欲齊其家者先修其身，欲修其身者先正其心，正心在誠意。意誠而後心正，心正而後身修，身修而後家齊，家齊而後國治，國治而後天下平。讀此可知《大學》雖有正心誠意，其宗旨唯在治國平天下。孔子周遊列國，欲行其治國平天下之道，可惜當時無有能用之者。故其治國平天下之道有限。若佛教以之治心，則轉入八識而成四智。以之治身，則空五蘊而成三身。以之治國平天下，則世界大同。其應用皆超過世間一切諸教也，故孔子不自稱聖，而云西方有大聖人焉。

結論：道在人弘，本無邪正，若圓其說，則諸教盡圓，何有內外？故邪人說正法，正法悉成邪（如外道解釋《心經》、《金剛經》等）。正人說邪法，邪法悉成正，故具正法眼人看諸教，則儒道耶回皆是正法。如昔之羅什、僧肇、支謙、道安輩，常揉老莊而談佛理，憨山大師註《中庸》，漢口張純一居士有《張純一的神學》佛化基督教一書之作。若放寬眼光，打破故步自封，閉門稱貴的教規，掃除我法二執，則透脫真如頓超般若，老鼠吱吱叫，說了一部《華嚴經》，何教不具真理耶？故以佛教之知見讀老莊，老莊即是佛教。以佛教之理融孔孟，孔孟亦是佛法。以佛教之知見視耶回，耶回亦是佛法。一正則一切正，無法而不正也。反之，則一邪一切邪，無法而不正。反之，則一邪一切邪，無法而不邪也。打頭不遇作家，到老便成古董先入為主，非有智慧人不易轉動，棄麻擔金，唯在吾人自肯領會。

在見性問題上：平心論仙學與佛學

人生在世間的光陰極為有限，愚者貪名逐利，不肯回頭修心用功，無常到來，萬般將不去，唯有業隨身。輪迴六道，千生萬世，永無休止。智人有鑑於此，回頭學道，跳出輪迴。

道者，路也，是從凡至聖的一條大路。道者，法也，是修仙學佛的方法。仙學從老子《道德經》開始，是中國固有的哲學。佛學從釋迦牟尼佛開始，自印度傳到中國的。學仙的人，多未明佛學；學佛的人，多不通仙學。各道其是，故常有自高慢人之語，互相毀謗。余曾專究仙學十餘年，並得仙師乩筆解釋《黃庭經》。普通《黃庭經》，有許多錯句錯字，都蒙乩筆更正加補，可惜這本註解，在大陸未曾帶來，是個遺憾。我現將仙學與佛學互相比較，決定淺深。

古人說：「以儒治世，以佛治心，以道治身。」這是肯定的斷言，無可非議。蓋儒釋道三教，猶天之有三光，不可缺一，在用上各有不同，在體上同歸明心見性。然高低之差別懸殊，深淺各自不同。蓋菩薩度生，對機說法，機異而教亦異也。孔子是儒童菩薩、老子是迦葉尊者。紅花白藕青荷葉，三教源流是一宗。於根本上無可非議，於跡象言之，今分之如下：

以儒治世：《大學》，心正而後身修，身修而後家齊，家齊而後國治，國治而後天下平。

以道治身：《道德經》，吾之大患，為吾有身，吾若無身，復有何患。

以佛治心：佛說一切法，為度一切心，若無一切心，何用一切法。

今捨儒教不談，唯說仙學與佛學。

仙學，自說他是性命雙修，毀謗佛教是修性不修命。這是極大的錯誤。我今先將性與命二字說個明白。

「性」：是不生不滅的體性。在眾生（即一切動物）為佛性。在萬物（即一切植物、礦物）為法性。動、植物之相狀，各有生滅，動、植物的體性，都是不生不滅的。

「命」：是有生有滅的生命。命的根本，即是無明煩惱。「煩惱」：即見思惑，從貪瞋癡三毒生，因此有分段生死，不能跳出三界之外。「無明」：即塵沙惑，伏在各種習氣中，微細難見，不易覺了，因此有變易生死，不能度盡眾生。

道教，以煉精化氣，煉氣化神為命功，但了有形有相的命，不知還有無形無相的命根，「無明」仍舊存在，生死不能究竟，所以不出天道，號為仙趣。永在三界以內。出家僧伽，身披七衣，就是表明要度七趣眾生。言神仙亦在眾生之內也。如呂純陽大仙，以習氣未了，故有飛劍斬黃龍之舉，被黃龍禪師以神力制伏，才知道家淺薄，不如佛門高深。因而皈依佛教，作三寶弟子。有詩云：「摔破瓢囊擲破琴，如今不煉汞中金；自從得遇黃龍後，始悔當年錯用心。」

「生死」有二種：一曰「分段生死」，二曰「變易生死」。分段生死，即此色身，有大小橫豎分段之形象，在六道輪迴中受苦，不能解脫。道教命功，但出分段生死，不受六道輪迴之苦，所以名為七趣，超過六道的意思。或云：為天帝所加封，不出天道。「變易生死」，道教無此名目，完全不知。因為不知「變易生死」，亦不解「分段生死」，總以「生死」二字名之。

又道教但知「煉精化氣，煉氣還神」為命功，不知病由心生，因心理而影響生理，心無病，則身亦無病。故修性而命自歸。心無三毒，則此身受毒不死，如達摩祖師，數次受毒，不為所害。我師公上虛下雲老和尚，亦於南洋途中亦曾受毒不死。百餘歲尚能日行百餘里，自雲門至南華，有汽車都不坐，朝發夕至，此非普通學道人可及。

又道教但知「煉神還虛，煉虛還無」為性功，以為了道；不知只近性功的邊緣，僅在佛教初發心住。或在十信位，向上還有十住、十行、十迴向、十地、等覺、妙覺、四十二位菩提路，了變易生死，得究竟涅槃，這是道教完全沒有的。所以成佛的工夫，要比成仙的工夫，加上四十二倍。佛學之高，非仙學所能比擬的。

道教以無極生太極，太極生陰陽，陰陽生五行。不知無極即是根本無明，能生枝末無明，以有能生之義存在，生死不了也。佛說真如佛性，屬於無生，故證得真如佛性，則永離生滅。

又老子以「人法地，地法天，天法道，道法自然」，以自然為極端、為究竟。在《楞嚴經》中，因緣自然，二具排擯，破之詳矣。

問：既孔子是儒童菩薩，老子是迦葉尊者，都是佛弟子，三教同一根本，為何說之而又破之？

答：以對機不同如佛初說小乘，後說大乘，法華會中，三千退席。自說尚且自破，況對震旦之機，是佛弟子所說，尚不及小乘，故白馬寺中，一卷《佛說四十二章經》，即推翻一切丹經子書，焚盡無遺。

請看佛教的《華嚴經．賢首品》，即十信位已超過天帝釋（即玉皇大帝）的神通妙用。又〈發心功德品〉，初發心便成正覺，已超出三界，遠在諸天之上。形神具妙，豈天仙所能及耶？所以我言道教最高天仙位，不及佛教初發心位，非我妄言，有經可以證明。道教毀謗佛教，「修性不修命，萬劫輪迴難入聖」。不知菩薩「乘願再來，倒駕慈航」。華嚴，十信滿心登初住，分身百界作佛。就是說此位菩薩，能分身到一百個世界，同時投一百個娘胎，出世做一百個人，成一百尊佛。但菩薩有不願成佛，為欲界六天之王，為色界十八天的天王，寄位度生，行菩薩道。又有些菩薩大悲心切，為鹿王、為馬王、為獅子王，乃至為鬼王，此菩薩乘願度生，非道教神仙所想像得到的。

問：仙與佛同是見性，為什麼有許多差別不同呢？

答：性是不生不滅的真如體性，周遍十方，名曰一真法界，圓如滿月。但其中有無始無明，塵沙細惑，煩惱業障，無量生滅，再難覺了。如初一之黑月，毫無光明。凡夫之人，即此黑月亦不能見，以滿天都是雲霧故。修心人破除煩惱雲霧，才見此黑月，名曰素法身，沒有萬行莊嚴故，光明妙用，不能現前。

問：天仙有三千功八百行，云何不能莊嚴法身耶？

答：為數太少了。以此微少功德，只夠了分段生死，出離六道輪迴，享受天福故。佛教功德，要以佛剎微塵數計算，無有窮盡的。功德無有窮盡，故所證亦無有窮盡。須經百千萬世，在塵出塵，和光混俗，經住、行、向、地、等、妙（十住、十行、十向、十地、等覺、妙覺），四十二位，天上人間，廣修四攝六度，方證究竟菩提。所以《梵網經》說：「吾今來此世界八千返，為此娑婆世界，坐金剛華光王座。」如此三千大千世界，有百億南閻浮提。每一南閻浮提中，都來了八千返，成了八千回佛。如是共有百億個八千返，成了千百億回佛，故云千百億化身釋迦牟尼佛，次數之多可知。在十住、十行、十迴向、十地、等覺、妙覺，每位破一分無明證一分法身。亦如月亮，初三起，有一線光明；初四、初五、初六每日增長一線光明，乃至十五，光明圓滿，即是無明破盡。所以說見性之後，正好用工夫。道教天仙，一見性以為了道，所以永滯天上，與佛教相比，要差四十二位之多。聲聞證偏空出三界，天仙尚滯天上，不及聲聞小乘之果，況能與佛相比擬耶？

又法性不生不滅，在科學上可以真實試驗。憶我在中學讀書的時候，上化學課之時，老師說：「佛經上言『不生不滅』，這是真實不虛的。在物理化學上，可以證明。世間上所有動物、植物、礦物，其形相時時刻刻都在生滅變化中，大而地球星辰日月，都有成住壞空，劫盡毀滅；因其性不滅，仍有再成的時候。小而一草一木，一蚊一蟻，在相上生滅不已，在性上都是不生不滅的。所以梵語『首楞嚴』此云『一切事究竟堅固』即約性而言也。今可以用化學方法證實不生不滅的道理。」師遂取一支洋燭說：「這支洋燭是事，有一兩重，相上有生有滅，性上是不生不滅的。我今點起洋燭，毀滅其相。再取一玻璃瓶，秤過有二兩重。將洋燭的煙焰，設法完全收入玻璃瓶中。洋燭燒完的時候，玻璃瓶中滿裝黑物，加重了一兩，有三兩重。這證明洋燭的相滅了，其性不滅，在燃點的時候，變作另一種物質而已。洋燭如是，草木之性亦如是。固體物質如是，液體物質亦如是。如水經過蒸發，變成氫氣與氧氣等，相滅，其性都未曾滅也。植物如是，動物亦如是，故有六道輪迴。」

依上所說，所以吾人與萬物之生也，因緣和合，虛妄有生；其滅也，因緣別離，虛妄名滅。在相上雖千變萬化，生滅無已，其性真本如來藏妙真如體。三科七大，一切事究竟堅固。科學證明，佛語不虛。所以修道的人，只求見性。若能悟得本性，親見本來面目；能轉一切境界，不為一切境界所轉，返本還源，即是神仙，即是菩薩，即是諸佛。所以佛教不是迷信的，絕對合乎科學的理論。中國固有的道教，亦可說是合於科學，但無佛教理論之究竟。所以焚經台上，終歸失敗。

轉告學仙諸君，道剝千層皮，愈辯愈明。我雖未悟，所說的全依經教，若於仙學有委屈處，可以來函質責，若自知仙不及佛，暫以學仙為初步方便，最後終歸佛教，如呂祖之見黃龍。或發心念佛，求生淨土，親近彌陀，不立門戶之見，我佛慈悲，必歡喜接受。若暫時鍛鍊身體，則學仙絕對是好的。但究竟了生死，還是要學佛，即使已經成了天仙，亦是要學佛，得了變易生死，才得圓證法身。則仙佛都是假名，圓滿菩提，歸無所得。

信自心決定可以成佛

佛說一切法，為度一切心，若無一切心，何用一切法？所以佛法即是心法。心外無法，法外無心，心包太虛，量周沙界。所有日月星辰，山河大地，皆由自心所造，眾生同業所感。心生則種種法生，心滅則種種法滅。心淨則娑婆即是極樂，心濁則天堂化為地獄。此心可以為聖、為凡、為仙、為佛。故《華嚴經》云：「應觀法界性，一切唯心造。」所以佛說「心外無法」，若說心外有法有造物主者，即是外道，以神為主。佛教徒可以讀一切外道經典，精通外道之法，可以度一切外道；但外教徒不敢讀佛經，怕被佛法轉動了他的心志。信上帝不能自成上帝，信佛可以決定成佛，《華嚴經》中說：「十信滿心，便成正覺。」《楞嚴》云：「憶佛念佛現前當來必定見佛。」佛教的修持，是最容易最簡單的，只要念一句「阿彌陀佛」，就可以成佛。若不願念佛，將此身心完全放下，無明煩惱不生，亦可以當下悟道，所謂「放下屠刀立地成佛」，方法是最容易的，就是眾生業重，有放不下來之苦。

念佛之行甚易，念佛之理甚深，所謂行易知難。我今略而言之：這一句佛號，貫通儒釋道三教之理。念佛時一心不亂革除物欲，了了分明，則合乎儒教格物致知正心修心。念佛時將一切煩惱妄想消除，都結歸於一聲佛號，即是道教的「萬法歸一」。得其一萬事畢，一句彌陀是出輪迴之徑路，一句彌陀是照黑暗之明燈，一句彌陀是成佛之祕訣。

問：悟道時，又是如何境界呢？

答：佛云：放之則彌六合，「慧」。卷之則退藏於密，「定」。悟了道的人，開大智慧，能卷能放。未悟的人，卷也卷不起來，不能入定。放也放不開來，無大智慧，不能治國平天下。又悟則照見五蘊皆空，度一切苦厄。迷則照見五蘊皆有，受一切苦厄。悟則色不異空，空不異色。迷則空色隔礙，不能相即。悟則無眼耳鼻舌身意，無色聲香味觸法。迷則有眼耳鼻舌身意，有色聲香味觸法。如是乃至悟了的人心無罣礙無有恐怖，遠離顛倒夢想。未悟的人一切都有，苦惱萬分，故吾人要想解脫非念佛不可。

又世間上所有之法，大分為二：一是色法，一是心法，色法是有形相的唯物論，心法是無形相的唯心論。在佛教中「無色」，則唯物論不能存在。無受想行識，則唯心論不能存在。在物質方面，粗如山河大地，細如原子、電子、質子、核子，小的非顯微鏡不能見。但粗物質無有力量，而細物質力量極大。如原子彈可以毀壞百數十里的地面。核子彈可以毀壞全世界。物質方面，細勝於粗，心理方面亦然。粗心大意，不能理解科學、哲學、物理、化學，一切要細心研究，才有發明。但科學所用的是妄想心，佛教所用的心，是要離開煩惱妄想的真如心。方法是用念佛的一句妄想來推翻一切妄想，到後來一切妄想都沒有了，唯有一念彌陀心在，到此境界即是萬法歸一。乃至一都不可得，忽然觸境爆炸，如原子彈之發作，大徹大悟，大開圓解，徹見本來面目自性彌陀，放之則彌六合，一生之大事畢矣。如是則憶佛念佛，現前當來決定見佛。念佛之功用如此，往生西方極樂世界親近彌陀是決定靠得住的。只在吾人肯下苦工夫，真實去念：南無阿彌陀佛。

怎樣擁護三寶使三寶住世？

一、佛教是破除迷信的

人生在世間上，生死無常，忙碌一世，結果毫無歸宿，所以有宗教出現，使人生在精神上獲得安慰，獲得歸宿。今日世界上有佛、道、耶、回、基督，五大宗教的宣傳布道。通常都以求神保命為宗旨，以上生天堂為歸宿。唯佛教則不然。超出一切宗教意理之外，是以三界唯心、萬法唯識、求人不如求己。一切天堂地獄皆是唯心之所變化，心生則種種法生，心滅則種種法滅。禮佛拜佛亦即是禮自己拜自己，佛即心故。所以其他宗教都是迷信，唯佛教是打破一切迷信的。佛教的宣傳，重在三寶。皈依三寶的人，才算正式佛教徒。三寶亦即自心，所謂自性三寶；自性眾生，自性煩惱；一切都不離自性。一切興亡，盛衰禍福，大如國家社會，小如家庭個人，事在人為，不可怨天。此佛教以破除迷信為宗旨。

二、三寶的類別

三寶，人人都知道是佛、法、僧。但要分出三寶的種類出來，恐怕有些人不太了解，我今與各位談談！三寶，有最初三寶、小乘三寶、大乘三寶、一體三寶、別相三寶、住持三寶，六種的分別。略釋如下：

1.最初三寶：釋迦牟尼是佛寶，四諦法輪是法寶，五比丘是僧寶。

2.小乘三寶：丈六化身是佛寶，四諦十二因緣是法寶，四果四向是僧寶。

3.大乘三寶：三身十身是佛寶，一空諦理是法寶，三賢十聖是僧寶。

4.一體三寶：又名實相三寶。以實相慧，覺了諸法非空非有，亦空亦有，雙忘雙照，三智圓覺，是佛寶。所覺法性之理，二諦具足，全體執持名法寶。如此覺慧與理事和合，名為僧寶。

5.別相三寶：法報化三身為佛寶，教、理、智、斷為法寶，三乘階次為僧寶。

6.住持三寶：此分二種，一為佛在世時：釋迦得道為佛寶，說大小乘法為法寶，千二百五十人具為僧寶；二為佛滅度後：範金合土，紙素丹青，為佛寶。黃卷赤牘，三藏聖教，為法寶。剃髮染衣，紹隆佛化，為僧寶。

以上所說三寶有六；在今日末法時代，前三種三寶，可聞而不可見的了。「一體三寶」和「別相三寶」二種三寶，亦非常人所夢見在。現在日常見者，唯有住持三寶，然「住持」兩個字，唯出家的僧人所獨有。現今在臺灣可糟蹋完了，把住持兩個字，落到在家人身上去了。不論受過三皈五戒與否，都當起寺廟的住持來了。佛教會開會的時候，滿眼在家的寺廟住持，有男的、有女的，在家人亦要稱僧寶了。出家僧人的稱呼，都讓在家人霸占完了。見僧不禮，更談不到擁護。戒律掃地，即佛法的衰敗。

問：那麼這個寺廟是在家人祖傳的，他不做住持叫他做什麼呢？

答：可以叫廟祝、管理人、當家的、管家的，都可以，切不可以稱他為住持。若印起片子來自稱住持，則更不可。倘若自稱住持，則混亂三寶了，若定要自稱住持，請來受過三壇大戒，方才合理。總而言之，出家僧人，才可以住持三寶，在家居士應當擁護三寶。因為居士沒有住持三寶的資格故。

三、怎樣擁護三寶使三寶住世？

佛法廣大，弘之在人。僧寶是弘揚佛法的負責人。佛法興衰，責任完全寄在僧寶身上。僧寶要有修持、要注重戒行、要有高尚的道德。自然人天敬仰。故要居士擁護三寶，先要提高自己的品德、多研律藏、多傳戒法，使人人都受三皈五戒及菩薩戒。戒律住世，則佛法住世。因為不擁護三寶的人，都是不懂戒律的緣故。所以為僧寶的人，要提倡戒律，使他們把恭敬三寶的知見，印在心中，他們自然擁護三寶了。

根本上還在僧伽的人格上的自尊，而後人人尊敬，人人擁護。要眾人尊敬，先須自己有獨立自尊的品德。自愛的人，人亦愛之。自尊的人，人亦尊之。如何是自愛自尊呢？即是要嚴持佛戒。由戒生定，自明本性。由定生慧，教化人天。則三寶之尊，人人擁護。

否則，獅子身中蟲，自吃獅子肉。佛法敗壞，是佛教徒不守戒律，破壞清規。然後獅蟲侵入，狐蒙虎皮，居家不受戒的假佛教徒，都占寺廟，當起住持來了，外道所謂六祖惠能大師之後，正法傳於火宅，在家人做寺廟的住持，三寶倒霉到極點了。要在家人擁護三寶，責任上先要提高僧人自己的品德。要提高自己的品德，必在戒律上研究弘揚。此一定的道理。

對初學人談禪與戒定慧的修法

釋迦牟尼佛說法四十九年，談經三百餘會，廣說三藏十二部，《大藏經》有五千六百餘卷之多，浩瀚汪洋，無盡無窮，初學佛的人，茫茫然找不到頭緒，外教徒及無知的人直以迷信二字了之。《華嚴經》云：「佛法無人說，雖慧莫能了，譬如暗中寶，無燈不可見。」若肯虛心求教，佛法實在是最簡單的，「諸惡莫作，眾善奉行」二句已完。但凡夫之人，不肯如是做去，我佛只好眉毛拖地，廣演經教，為眾生開權顯實，說三藏十二部，部帙雖多，總即是戒定慧三學。三學總不離定，所說「定共戒」，有禪定的人，戒已在其中。定能生慧，慧由定生，即是般若，若無定有慧，此是世智辯聰，名曰狂慧。故「定」之一字，是學佛的根本條件，能攝戒與慧，即是正眼法藏，名曰禪宗。

從釋迦牟尼佛，拈花微笑傳與大迦葉尊者，乃至二十八祖，達摩西來。一花傳五葉，號稱五家宗派，直至現在臨濟兒孫遍天下，中外各國，多是禪宗子孫，間有淨土宗應末法根器旁起，如印光老法師等亦是從臨濟出家的禪宗子孫，弘揚淨土宗，後人恭維他老人家做為淨土宗第十三祖。因為參禪非上根利器不得入門，須用念佛的前方便，求佛力加被，做為基礎；念到一心不亂，花開見佛，即是禪宗明心見性；發願往生西方，即是結歸淨土。當知淨土二字，是佛教的總歸結。《華嚴經》善財童子，百城烟水，五十三參功畢，普賢菩薩說〈行願品〉導歸極樂。所以修學人，不生淨土不能究竟菩提。心淨則國土淨，因不離果，果不離因故。

問：那麼地藏菩薩，願在地獄，不生淨土，難道他不究竟菩提嗎？

答：心修則國土修，菩薩所往，無處不是淨土，菩薩至地獄，地獄亦即是淨土，若地獄眾生，一見佛菩薩光明，即暫時脫苦。故地獄天子，因謗法入地獄，因見光而出苦。古德說：「佛說一切法，為度一切心，若無一切心，何用一切法。」一切心修，即是禪定，禪定功深，即是般若，般若之果，即是菩提涅槃。故禪宗是佛教的精華，是佛教的骨髓，是佛教的根本。稱為臨濟正宗，曹洞正宗等，傳正法眼藏，紹隆佛法。我們學佛，應從根本上學起，研究釋迦牟尼佛，雪山六年，用的什麼工夫，修什麼法門成道的。學佛要從釋迦如來未成道以前學起，這是真正會學佛的上根利器。否則，拿木魚引磬來敲敲、唱唱、念念，弄得非常熱鬧，不外是種種善根，大家快樂歡喜，死了生淨土再來娑婆，這是化城，方便一時，不是究竟，若學善財五十三參功畢，到等覺位，生常寂光，是究竟生淨土，即身成佛。

以上專談禪定的重要，是學佛的根本。然戒定慧三學，如鼎三足，缺一不可。戒為無上菩提本，應當具足持淨戒。依戒生定，依定生慧。有定無慧，是為枯定；有慧無定，是為狂慧。故修學人，從淺至深，從粗至細，從有為以至無為。先當思惟佛說淨戒，設為性命，亦不毀犯，如佛所說，隨順佛教，即供養佛。如佛所說之戒以正心修身；如佛所說之定以見性明心；如佛所說之慧以廣度眾生，如是才算真正學佛，現前當來必定成佛。戒學修成功即是清淨法身毘盧遮那佛，定學修成功即是圓滿報身盧舍那佛，慧學修成功即是千百億化身釋迦牟尼佛。別說如此，融則隨舉一身都該三學，隨舉一學都該三身、舉一即三、舉三即一，各不相離。戒定慧三字清楚，廣大無邊的佛法，全在其中矣。

此下略為分釋戒定慧三字，再結歸禪宗。

「戒」是防止非惡，不學佛的人，縱其貪欲，造種種罪，身口意三業都不拘束，胡作胡想，不顧因果，《地藏經》所說：「閻浮眾生，舉心動念，無非是罪。」若要做一個好人，就要檢束身心，非禮勿視，非禮勿聽，非禮勿言，一舉一動，所作所為，都要自利利他。初從三皈五戒學起，漸至比丘二百五十戒，菩薩十重四十八輕，三千威儀，八萬細行，都在舉心動念處檢點，正心修身，參父母未生前，此由戒入定即近禪門話頭，除盡習氣毛病，即同諸佛。

「定」則不為一切境界所轉，富貴不能淫，威武不能屈，泰山崩於前而色不變。學儒尚要如此，況學佛乎？所以釋迦牟尼佛在菩提樹下，魔王做種種恐怖，魔女做種種纏擾，魔軍八十億眾不能動亂。古來祖師深山入定，豺狼虎豹、惡鬼邪魔所不能動，才能成道。學戒是增長福德，修定是增長智慧，世間福德從戒而生，出世智慧從定而起。此一「定」字無論儒釋道三教及一切旁門外道，一切宗教的根本，故有世間禪、出世間禪、出世間上上禪。由達摩傳下離四句，絕百非，以心印心，離心意識參，名曰祖師禪，即今之禪宗；若依教觀修止，習毘婆舍那、奢摩他，名曰如來禪。

總言之，佛門即是空門，觀空入定，即得佛門基礎，所言空者，乃是萬有的本體，萬有依太空而建立，日月星辰皆由空輪支持運轉，道教所謂無極生太極，太極生陰陽，由陰陽生五行八卦，才有大地眾生；若返本還源，仍歸太極，即是大覺金仙。然太極即是太空，百尺竿頭重進步，打破虛空，見吾本來面目，即是禪宗，明心見性，大徹大悟。由此到彼岸度無極，即是清淨法身。若諸法不空，則無道無果，所以天台賢首各宗觀門，都以空觀為首。密宗先從空輪起大風輪，從風輪起大火輪，從火輪起大水輪，水輪之上金剛地，從金剛地湧出大蓮花，花上現出本尊。若空觀不成，則本尊無從出現，密法不會成功。所以佛門即是空門，禪宗以空為根本，心空及第歸。《心經》，由照見五蘊皆空，度一切苦厄，空字在禪宗中即是到這裡一切放下。放得下即是止，提得起即是觀。話頭提得起，大疑大悟，小疑小悟，不疑不悟。疑情迴迴，寂寂惺惺，即是止觀雙運，定慧等持。

問：什麼是疑情？

答：即是話頭。

問：如何是話頭呢？

答：「話」即是妄想的發表。雜念存之於心，名曰妄想，發之於言，名曰講話。對人談說是話，對己談說是想。不與人談話容易，不與自己談話甚難。初學禪的人，一靜坐下來，就自己與自己談說，想個不休，想入非非，即入昏沉做夢，夢亦是想，所云顛倒夢想，即是生死不得了，這種境界人人都有，於禪分毫不能相應，是修學人的大忌，即是放不下。所以修學人先要將世間一切瑣事完全放下，就從妄念未起時看住。妄念即是話，未起時即是頭。若已起念，當即觀他從什麼地方生起來的。此未起妄念處看到了，即看到父母未生以前，若不覺心動，即是父母既生以後。看不住話頭，看到話尾了，如此用功無益。若由淨兼禪，看「念佛是誰」話頭，當知念佛是一句話，「是誰」二字即是疑情。問念佛這句話，從什麼地方生起的，念佛的主動人是誰，此一「誰」字，即是查究我本來人的面目。看我自己的一念不生時的主人翁。凡所有一切「話頭」、「疑情」，都是迴光返照，向內觀我自己的主人翁本來面目，離心意識參，到覓心了不可得，百尺竿頭重進步，十方世界現全身，打破了虛空，原來虛空在自心中如大海之一漚。迷時三界有，悟後十方空，明此真空即我之本來面目，妙用無窮，此所謂大徹大悟。

「慧」則能轉一切境界，迴真向俗，廣度一切眾生，改造家庭，改造社會，安邦定國，將萬惡變為萬善，將五濁轉成五清，世界大同，此土即是佛國。

以上略說戒定慧三學的大概。又有些人持戒精嚴，而定慧毫無，名曰戒急乘緩。有些人工夫用得很好，有定有慧說是開了悟的，但而戒體不持，名曰乘急戒緩。到來生或有福無慧，或有慧無福，不入正道，都非真實修持，真實徹悟的人，不明因果故。若真實大徹大悟的人，必明白因果，戒乘具急，為人天師範，名曰禪師，為吾人所宗仰。然總結一切法門，都以空為體，言「持戒」、「參禪」、「修法」都是多餘，所謂天下本無事，庸人自擾之，理實如是。迷時三界有，悟後十方空。但在未悟之先，必須事事踏實，一一去做。禪宗則直向萬有本體上去下手用功，直指人心見性成佛。不願兜圈子多繞路，單刀直入，即見本來面目，親證法身一生事畢。故禪宗稱曰「正宗」，稱曰「正法眼藏」。禪宗在名曰「正法住世」吾人當信仰禪學，戒乘並急。

談受菩薩戒的問題

前天有位農夫來信云：「我已經皈依了三寶，想到貴寺求受菩薩戒，但菩薩戒第一就要不殺生，我為種植農產品，如瓜菜禾苗等，要用殺蟲藥粉，毒殺多量的生命，不能持殺戒，未知可否受戒？」

夫戒者，戒吾人之心，心中存有貪瞋癡，一切所為，都是破戒。每條戒都有粗重與微細的不同，持有滿分持，半分持，多分持，少分持的差異。若受持滿足，粗細不犯，三千威儀，八萬細行，一一具足，此非佛菩薩不可能。

吾人出家，雖受比丘戒、菩薩戒，但能少分持，不犯粗罪而已。若言具足持，滿分持，微細持，則五戒亦不容易。是故紫柏大師自稱是剃髮居士，蕅益大師自號為菩薩沙彌，不敢作人間戒師。持戒之不容易可知。

若為農夫，須用殺蟲劑，不敢受菩薩戒者，則國王大臣，要抵抗敵人，格殺盜賊，更不敢受菩薩戒矣。

《梵網經》云：「欲受國王位時，受轉輪王位時，百官受位時，應先受菩薩戒。」但文官聽訟，有罪必治，武官衞國殺敵禦寇，殺傷在所不免，有罪耶？無罪耶？當知不為口腹而殺害畜牲，不為私仇而殺無辜，為國家為社會正義而殺，殺一警百，於國家人民有利，此雖殺亦無有過也。若能不殺而勸令改邪歸正則更好，此非好殺，實不得已也。若為農夫而殺害蟲亦不得已也。但可捉而放於草地則更好，若是不勝捉，不可捉，以農藥殺之多念佛號超度之即可。雖有罪過，亦甚微小。蓋生活上不得不如是也。

若云，都不能殺，佛觀一缽水，八萬四千蟲，連水都不能飲。在炎熱暑天，蚊虻咬身，舉足傷蟲，在所不免，若因此不受菩薩戒，則因小罪而失大功，此甚愚。當知一切戒條，在凡夫上都不能全持。殺既有如是難，淫戒亦如是難，經云「淫因、淫緣、淫法、淫業」。起心動念即是淫因，你能保住自己，毫不起心動念乎？此是生死根本。若見色，無分毫之愛念，此人已超欲界，即不受淫戒之生死。

盜者，即是一念貪心，貪人便宜，自私自利，都犯盜戒，汝能絲毫無犯乎？

妄則虛言不實，自己心中有過不說，不知自生慚愧，有罪不知懺悔，貢高我慢，輕蔑他人，亦有犯而不知。

上四條在比丘為四波羅夷，是根本重戒，名曰性罪。因犯此四條，僧俗都一樣地有罪；不惟佛教不許可，國家法律上亦不許可，不受戒的人，犯此四條亦有罪故。至於酒戒是遮罪。俗人不犯，惟佛獨制故。

上五條戒都有開遮持犯，於人有益即可以開，名曰作持。於人有損即應當遮，名曰止持。當開不開，當遮不遮，即名曰犯。以上五戒雖名曰居士戒，出家人亦難以圓滿持，若能圓滿持五戒即可以昇天。至於淫戒，在家五戒惟不邪淫，出家菩薩須斷淫因，起心動念即犯，故出家淫戒惟有聖人能持，殺戒亦惟聖人能圓滿持，凡夫只能隨分持，但殺時存一念慈心，多念佛號，非是故意殺，實為保護農苗不得已而殺之，即無過錯也。若為五戒而受四戒，不受殺戒，可以殺雞殺鴨，則連三皈之義具失，不是佛門弟子，律言五戒可以受四戒者，酒戒可以隨便不受，以是遮罪故。殺盜淫妄，則非受不可，以是性罪也，不學佛亦應持故。為此，請放心來受戒，功多而過微也。

若總論持犯功過，約持方面言，不殺人，不殺豬羊雞鴨，是毫無功德，不殺魚蝦鳥雀小形動物，功德甚少，要不殺蚊虻、害人毒蟲，人受其害，而仍放之是功德最大，以難忍能忍故。

若約犯方面言，殺人的罪過最大，殺牛羊次之，殺雞鴨魚蝦又次之，殺蚊虻毒蟲，過失甚微小。若為此微小過失，而不肯受戒，是為不當，是為愚癡，請放心前來受戒可也。

與吳海峰居士書

海公大醫師台鑒：

昨知海來，承惠施熱水杯一隻，非常感謝。

又聞府第欠安，怪佛不佑，此是不當，蓋佛教是理智的，不是感情用事，故信佛即是信自心，分毫沒有迷信。心力萬能是能造，不屬所造，故八識都稱心王，此心王即是上帝，以信上帝之心，信此心，耶穌與佛教無異，心即是佛，佛即是你堂上的母親，母親要罵你打你，你當俯伏禮拜，痛切懺悔，則災難自消，增福延壽，況你的母親年老，住世不久，將來求母親打你罵你更不可得，故當及時受此懺悔，甘受高堂之重責，母親歡喜，則佛菩薩護佑也。

又久聞大醫師，久有孝親之名，但孝子要經得起考驗，舜稱大孝是由多方面的考驗終不違親恩。令堂雖凶，較瞽叟相差尚遠，現正是考驗你的孝心，於此考過，則大醫士亦即大孝子也。道高一尺，魔高一丈，此正是考驗你的道心也，恕我直說。

敬請

安樂

（其他函件沒有存稿，也未徵印，故僅一函代表）

讀《出家功德經》之後

世間上以五倫為重，五倫造端乎夫婦，有夫婦然後有家庭社會。夫婦之愛欲，是世間之正行，除此之外，是為邪淫，君子所不為。學佛先學做人，若五倫亂，做人之程度不夠，更談不到學佛。故儒教是佛教之前方便，學佛之初門，孔孟之道不可廢也。但眾生業障深重。生死根本的五欲難捨，佛為滿眾生願故，勸人出家，經中說：「捨欲出家，一日一夜，持淨戒故，捨此世已，生四天王天，為北方天王毘沙門子，恣心受於五欲快樂，貪受五欲，與諸婇女共相娛樂，壽五百歲，五百歲已，命終轉生三十三天，為帝釋子，具受五欲，極天之樂，天妙婇女，恣意千歲。」乃至最後生他化自在天為天王子，此第六天其中欲樂，下五天所不及。此為求五欲而出家持戒功德，略說如是。

故人生在世，切勿貪此人間極短時間之粗惡五欲，而不肯出一日家，持一日之淨戒，失此大利，是為可惜是為愚癡。若出家犯欲，不但為佛法所不許，亦世法所不許。未能捨戒，而私自破戒，五千大鬼掃其腳跡，此人永墮地獄，永棄佛海之外，非數日出家功德所能抵消，以罪惡超過於功德故，不能享受天上長期之五欲，斯為太可惜。我佛大慈度生，先以欲鉤牽，後令入佛智，故觀音大士，求子得子，求壽得壽。以方便為入道之門。但真學佛人，不可以方便為宗旨，要當斷生死的五欲不求生天，求生淨土，見彌陀悟無生，開佛知見，悟佛知見，斯為學佛之正宗。讀是《出家功德經》後，當明斯旨，永不退轉發菩提心幸甚。

回憶往師講《首楞嚴經》

《楞嚴經》，是一部修學成佛的要典。我在十六歲，進浙江第六中學讀書時，就有我的親戚（是我三嬸的堂弟）理權法師取與我閱讀，我讀得高興了，就抄寫了一部，視同拱璧。將原本送還我的親戚。自此時常閱讀。將學佛的念頭，常常掛在心中，直至三十歲，始辭父母別妻子，奔赴福州鼓山湧泉寺禮上虛下雲老和尚出家，正式為僧。民國二十二年受具足戒，聽我羯磨阿闍黎上應下慈老法師講佛說《梵網經》上、下卷。民國二十三年春，又隨老法師至江蘇揚州寶輪寺聽《楞嚴經》，正合我發心之初願，於老法師講解時都特別地注意。老法師於文中講到重要時，都要特別提出考問，令學人將經義深印在八識田中。全經最重要的是題目，《大佛頂如來密因修證了義諸菩薩萬行首楞嚴經》全題二十字，最重要的就是「首楞嚴」三字。獨此三字要講一大座，約兩個多小時。

講完經題之後，再考問學人，迫令學人回答。問：「如何是首楞嚴？」眾答：「一切事究竟堅固。」問：「什麼是一切事？」眾答：「世間所有一切依正二報，根身器界等事。師言，這些話說得太多了，太遠了，與你們絲毫沒有相干。你且不說一切事，單說一事看！眾多不能回答。我說，第一眼睛事，第二耳朵事，就是吾人六根門頭中事。師說，對呀！要成就「首楞嚴大定」，就向你自己六根門頭自性處，討個消息，這正是用工夫的下手處啊！要說一切事究竟堅固，不說一切理上究竟堅固者，百法之中，九十六有為法都是事，六個無為法是理。理上究竟堅固很容易明白，事上究竟堅固，不容易了解。唯證方知。今經專明事上的究竟堅固，名曰《首楞嚴》。阿難示邪染為緣，浚發大教，首以得成菩提為請，即是《法華經》中一大事因緣。吾人出家學佛，亦為成就此道。佛為徵心辨見，以明五陰六入、十二處、十八界，皆本如來藏妙真如性。地水火風不相陵滅，有二十五聖證明，得成圓通，圓者橫遍十方，通者豎窮三際。證得法界性，究竟堅固之法身理體，成就「首楞嚴大定」。詰其發心，即在吾人尋常日用之六根門頭下手。所謂道在尋常日用中，要吾人深信見聞之性，發心切實，去用工夫，信滿成佛，人人可以證得圓通也。以上是我初聽《楞嚴》時，在應慈老法師邊，所得的教訓，終身不忘。

又我記得在中學讀書時，教化學的老師，他上化學課時說，佛為一切智人，所說的法是不錯的，有許多的地方，都可以用科學去證明事實。如《心經》上所說的

「不生不滅，不增不減」，《楞嚴經》說「一切事究竟堅固」，都可以用科學方法去證明無訛。師取出一支洋蠟燭說：「這支洋燭是一切事中之一事，它是不生不滅，究竟堅固的。你們相信否？」此時我們無一人相信。師說：「這支洋燭，一經燃點，畢竟消滅，你們都是做如是想。但我現在可以證明這支洋燭，點過之後，不過從此物質，變成其他物質，本質仍舊存在不滅，所以是究竟堅固。」師於是用天秤將此洋燭預先秤過，有一兩多重。用火點著，將所燃之煙焰，用一器裝收起來。洋燭點完之後，秤此裝煙焰之器，增加一兩多重，可見洋燭燃點之時，從此物質化為其他物質，本性仍舊存在也。又如水，蒸發之後，變成氫二氧，原質亦仍舊存在，不為蒸發之所消滅，所以佛說「不生不滅」。依此類推，我們的人，本來可以活到一千歲、一萬歲，亦如洋燭可以保持很久的。洋燭因為燃點起來，數十分鐘就完了，變作其他的物質。我們人，因為從少至老，時時刻刻燃點著煩惱火、無明火，晝夜不斷地燒著，發出貪、瞋、癡、殺盜淫的火焰，數十年就把這寶貴的身體燒壞了，變作其他的物質。若能依佛法修持，不動無明，破除煩惱，證得「首楞嚴大定」，則一坐十小劫，即此幻身活到百千萬年不成問題。最後從五陰、六入、十二處、十八界，證得圓通，則一切事究竟堅固，圓滿菩提，歸無所得。則此究竟堅固之道，人人有分，是合乎科學的。

今年本寺結夏安居，請淨空法師開講《楞嚴經》，因天氣炎熱，久旱不雨，有許多人都患傷風，法師亦因傷風告假一星期，我因此略述是編，是我昔日所聞，告諸大眾云。

對今日弘法的幾種不同的看法

弘揚佛法，是法師的家務，但不是容易的事，依我的看法，第一要持戒清淨；第二要有學問；第三要有修持；第四要契合事理；第五要對機投教；第六要不貪名利。具足以上六種條件，即是弘法的大法師，是大善知識，所謂「人能弘道，非道弘人」也。今略說如下：

一、嚴持淨戒，增長自己的道德

佛在世時，以佛為師；佛滅度後，以戒為師。這是佛的訓示，人所共知。所以學佛人初入佛門，即須三皈五戒，以五戒為根本，分而為十戒、四十八戒、二百五十戒，乃至三千威儀、八萬細行，皆以五戒為總持。若無戒行，雖熟讀三藏十二部，能講會說，有定有慧，都是魔王眷屬，不成佛道，三學不全故。戒為無上菩提本，戒學未立，菩提無本故。尤其是創辦佛學院，對出家人弘法，必要著重戒律，不斷佛種。

二、要有學問，充實自己的辯才

在初入佛門的時候，要懇切地求學，尊師重道。以求充實自己的辯才。所謂尊師者，各宗只有三皈依，密宗卻有四皈依，除三寶外，還要皈依金剛上師，由師指示，才能證到即身成佛。師的功德要在三寶之上，故須首先皈依也。所謂重道者，在世間法上成就一個人才，由小學、中學、大學，要經過十多年的苦功，為學士、為博士，學成名遂。所以在佛法上，對於弘法方面，要成就一個人才，真實受用，為大法師，更非經過高等佛學院不可。若騙騙老太婆，則每一出家人，穿著僧衣，便是法師了；但在今日婦女界，很多知識分子，自己沒有充實的學問，亦騙不過去了。此今日弘法，對於創辦佛學院，是最重要的事情。

三、對修持方面，要放下身心來用功

釋迦如來為一大事因緣故出現於世，是要令一切眾生開示悟入佛之知見。我們接受佛的教育，若自己本分上，未曾悟入，亦不能向眾生開示。自己不了，怎能度人？故修持方面，是弘法人最重要的，由正心修身，而後齊家治國。儒學如是，況學佛乎？修持的方法，或參禪、或念佛、或聽教，總以明心見性為目的。《入大乘論》引提婆偈曰：「薄福之人，不生於疑，能生疑者，必破諸有，若有疑者，皆應聽法，聞已意解，便得開悟。得開悟已，即生信心，生信心已，便生喜樂。生喜樂已如是次第，生聞思修，乃至具足，得一切種智。」故出家為僧，應該要當參學，參者參禪，學者學教。參禪以起疑情為重要，大疑大悟，小疑小悟，不疑不悟，今人福薄，不知疑情，不信參禪，故永無開悟之日。不參禪而學教，到老都是入海算沙，他鄉作客，永無入佛知見的一天。

四、對於事理方面，要一切都會歸於中道

佛法立三諦，為開拓眾生的性德，粗觀有理有事的不同，細觀則理不離事，事不異理，相即相入也。清涼國師云：「理隨事變，則一多緣起之無邊，事得理融，則千差涉入而無礙。」事如世間法，一切都從有為方面觀察實行。如聲光電化等科學，對事物現象的相互關係，做有系統的分科研究，經過實驗證明，成為公式化的學識，這種種的事實，非明世間萬物的理不可，即事不離理也。理如出世間法，即定與慧不離心性，離此妄心之外，亦無心可修。故六祖惠能大師云：「佛法在世間，不離世間覺。」佛法即是三諦，世間法即是科學，唯佛法覺了圓融，所以隨緣不變，究竟涅槃。科學泥於事蹟，不能會歸自性，故永歸生滅。時人迷昧而偏執，觸境而縛心，故須有佛法之方便以啟覺，覺明三諦，即會歸於中道第一義諦也。

此三諦者，在修持方面，即是三觀，謂三觀為能觀之門，三諦為所觀之境。所謂三觀者：

（一）空觀

明萬法之實體，即是真諦。是根本上的修學。會事歸理，則言思具絕，一法不立。經云：「照見五蘊皆空。」可破見思惑，從凡入聖，而我執空也。

（二）假觀

明萬法之實相，即是俗諦。是從真入俗，廣度一切眾生，而不著眾生相。方今之科學，一切發明與創製，了知萬法之妙有，可破塵沙之惑，從聖入凡，而法執空也。

（三）中觀

明萬法之妙用，空假一如，真俗不二，不住此岸，不住彼岸，不住中流，是不二法門，無有對待，法法圓融，不落偏見，皆歸於中道第一義諦，我法具空，空亦不立，可破根本無明，究竟作佛。

以上三觀，今人學而不修，說而不行，故都無成就。或抱著消極主義來出家；受過大戒之後，會念幾卷經，唱得幾個讚子，衣食飽暖，就足夠了；不想再求上進。既不能自利，又不能利他，空過一生，最為可惜。要知既為佛子，當做佛事，紹隆佛種，弘揚佛法，將教理推陳出新，發揚光大，乃是佛教徒應當做的事。

所謂佛事者，本是消極主義，但不是懶惰懈怠的消極。而是消除「貪」、「瞋」、「癡」一切煩惱妄想。因為造罪造業，都是由貪等而造。由貪財、貪色、貪名、貪利、貪食，所以造殺盜淫，為貪官污吏，害人民，敗國家。佛所說的根本法門，就是要離開貪欲，無貪欲的人，是最尊貴的，可以成佛作祖。故此消極的工夫，是佛教自修自利的根本。不但佛教如是修行，即儒教孔子亦說：「致知在格物。」格物者，謂格除物欲也。與佛教之消極是一樣的，能消極到不顧自身的利欲，而後能為國家為社會，積極地利人。為忠臣、為孝子、為英雄、為豪傑、為聖為賢，都是為國家為社會造福，不顧個人自私之利益者。若貪欲在心，大之必為亂臣賊子，小之必為謀財害命者。所以今日社會，比比皆是也。在佛教方面，到了消極成功，便來積極地廣度眾生；如觀音、地藏等大菩薩，眾生度盡方證菩提，地獄未空誓不成佛。永遠地積極，無有已時，可說積極到極點，更無他人能發願如此利益眾生者。可知佛教「空空」、「大空」，對自己要消極到極點，然後對他人要積極到極點。這與儒教的格物，不做消極的格除物欲解，而做積極的量度一切物理解，對天地萬物的體用，都能即物窮理，這種解釋，已見於《四書道貫》，極合科學觀點，當知萬物是生滅不停的，天理是循環不已的。觀生滅循環的因果律，而知善惡因果，報應不爽毫釐，不敢違背天理良心，而造惡業。但在報應循環生滅中，有不受報應循環生滅的真理真性在，明此真理真性即是道體，悟此道體，親自證得，空觀成功，從凡入聖，若能迴真向俗，明格一切事物的真理。廣度眾生，便是菩薩大法師。

五、弘法要契機，則自他各得實用

僧寶為人天師範，擔荷如來家業，應當負起弘法利生的責任。但世間上僧伽的學問水準，都是不夠理想的多。有幾個大學畢業得到學士位、博士位的人來出家？所以一般程度高的知識分子，認為佛學是集哲學、科學之大成，願以在家居士身分來弘法教化。若在僧人分上，有高尚的道德，深湛的工夫，能深入觀門，有相當地受用，使世間上的博士學士，科學家、哲學家、國王大臣，自動地折伏。如大顛之於韓昌黎，佛印之於蘇東坡，羅什清涼等許多國師，受國王禮拜。此乃僧中之大善知識，可說是菩薩出世。其他對婦女講些故事，對工商談談因果，普通的演說，亦要多閱藏經，充實學問。自己有受用處，則他人亦得受用。

六、不貪名利，要把弘法利生當作本分事業去做

身入空門而為佛子，即當住佛家中而做佛事，以色即是空，為根本上的修持。空即是色，為度眾生的方便。若悟道之後，仍舊貪名奪利，不肯保養空體，則生死不了，不能解脫，仍舊不出六道輪迴。《大莊嚴經論》云：「我昔曾聞，有一國王，多養好馬，會有鄰王，與共鬥戰，知此國王，有好馬故，即便退散。爾時國王作是思惟：我先養馬，規擬敵國，今皆退散，養馬何為？當以此馬用給人力，令馬不損，於人有益。作是念已，即敕有司，令諸馬群分布與人，常使用磨，經歷多年，其後鄰國復來侵境，即敕取馬共彼鬥戰；馬用磨故，旋轉而行，不肯前進。設加杖捶，亦不肯行。眾生亦爾，若得解脫，必由於心。謂受五欲，後得解脫，死敵既至，心意戀著五欲之樂，不能直進得解脫果。」觀此譬喻，可知教中，轉生成熟，轉熟成生，轉變習氣，保養聖胎，此是最重要的工夫。貪等煩惱是熟的，我們

要把他轉成生的。真諦觀慧是生的，我們要把他轉成熟的，工夫得力的時候，從此永保真常，即得解脫。若懈怠不修，則逆水行舟不進則退，仍是煩惱，險哉！古人云：「財色不空休談道。」《楞嚴經要解》云：「縱有多智，禪定現前，如不斷淫等，必落魔道。」名與利雖非殺盜淫，能令人染著，貪愛不捨，不出輪迴，故為法師弘法，應當不為名利。

總上六種不同的條件，或能具足，或不具足，或唯一二，或六種之中各具少分，都能弘法利生，而為法師。但弘法不在口上，總要具慈悲心，多結善緣，若與人無緣，縱有學問，口吐蓮花，亦無人聽受，所以未成佛道，先結人緣是為最要。又六祖惠能大師弘法，以叢林為道場，自後五家宗派，都以禪堂接引後人，有千七百則公案，人才輩出。迨至清末，禪門日衰，太虛大師始創佛學院，則今日弘法，禪堂已經落後，只有創辦佛學院，在口頭上用工夫。但禪是佛的心，教是佛的口，雖能說得好，還請大家不忘心地法門，在見聞之暇，迴光返照，修習教觀。

如何發展海外佛教？

佛法是人生的哲學，建設在心地上，二千五百餘年來，一切宗教，一切學說，更無超過於佛學者。不學佛是空過了人生。佛教是和平的，以戒殺為第一條故。家族和平則一家快樂，一國和平則一國安樂，世界和平則世界安樂。世界安樂即是大同世界，則五濁惡世也轉成五清淨土。但此世界，從古以來都是戰爭，是永遠不會和平的。佛教是盡其人事人力，於此世界提倡和平。釋迦世尊的願力，於此五濁惡世行此難事，說此難信之法。故佛教的發展，即是人生真實的福音。

佛教是世界性的，偈云：「鐘聲傳三千界內，佛法揚萬億國中。」佛教向海外發展，這是我佛大慈大悲的原旨。所謂「眾生度盡，方證菩提，地獄未空，誓不成佛」，不但要度盡世間上的眾生，並且要度盡冥冥中的鬼趣。觀音與地藏的婆心，即是吾人的榜樣。弘揚佛法，是〈四弘誓願〉中的第一大願，「眾生無邊誓願度」─此〈四弘誓願〉，是學佛的根本大願，從初發心直至成佛，都不離此願。不度眾生，即不能成佛，但度眾生亦不是容易的，須有才幹能力，智慧辯才，福德因緣。

先發大心，隨己所能，見機化度。既為佛子，當做佛事。弘揚佛教之目的，是要求世界大同，世界和平，共修淨業，共生淨土。

弘揚佛教的人物，要先注重自身上的道德，律己然後律人，堪為人天的師範。弘揚佛教的學說，是要宣傳戒定慧三無漏學。此三學，如鼎三足，缺一不可。戒為無上菩提本，應當具足持淨戒。依戒生定，依定生慧，有定無慧是為枯定，有慧無定是為狂慧。故學佛人，從淺至深，從粗表細，從有為以至無為，先當修持佛說淨戒，設有性命之危亦不毀犯。如佛所說，隨順佛教，即供養佛。如佛所說之戒以正心修身；如佛所說之定以見性明心；如佛所說之慧以廣度眾生。如是發展佛教自海內以至海外，報佛深恩，才算真真學佛，紹隆佛種，是真佛子。現前當來，必定成佛。戒學修成功即是清淨法身毘盧遮那佛。定學修成功即是圓滿報身盧舍那佛。慧學修成功即是千百億化身釋迦牟尼佛。「戒」、「定」、「慧」三字清楚，廣大無邊的佛法，全在其中矣。今再分談戒定慧三個字的略義，以告海外初心學佛的道友：

「戒」：是防非止惡。不學佛的人，縱其貪欲，造種種罪，身口意三業都不拘束，胡作胡想，不顧因果。學佛首先要做一個好人，檢束自己的身心，非禮勿視，非禮勿聽，非禮勿言。一舉一動，所作所為，都要自利利他。初從三皈五戒學起，漸至沙彌十戒，比丘二百五十戒，菩薩十重四十八輕戒。三千威儀，八萬細行。若在舉心動念處檢點，即近禪門的話頭。三業清淨，習氣盡除，即同諸佛。

「定」：則不為一切境界所轉，富貴不能淫，威武不能屈，泰山崩於前而色不變。學儒尚要如此，況學佛乎？所以釋迦牟尼佛，在菩提樹下，魔王做種種恐嚇，魔女做種種纏繞，魔軍八十億眾不能動亂，這是佛的定力。古來祖師深山入定，豺狼虎豹，惡鬼邪魔，所不能動，才能成道。學戒是增長福德，修定是增長智慧。世間福德從戒而生，天上人間享福無盡；出世智慧由定而起，三乘聖人皆由此悟得。此一「定」字無論儒釋道三教，及一切旁門外道，皆從此立定根基，故分之有正定邪定、四禪八定，及一切處定、九次第定、滅受想定等，但以上所說之定，都非西來大意，非中國之禪宗。當知禪有「祖師禪」、「如來禪」，由達摩祖師傳下離四句，絕百非，以心印心，離心意識參，名曰祖師禪，即今之禪宗。若依教觀修止，習毘婆舍那、奢摩他，名曰如來禪。總言之，佛門即是空門，觀空入定，即得佛教基礎。所言空者，乃是萬有的本體，萬有依太空而建立，日月星辰，皆由空輪支持運轉。道教所謂無極生太極，太極生陰陽，由陰陽而生五行八卦，有大地眾生。若返本還源，仍歸無極，即是大覺金仙。然太極即是太空，百尺竿頭更進一步，打破虛空，見吾本來面目，即是禪宗明心見性，大徹大悟。道教所謂親見無極老母。若諸法不空，則無道無果。所以天台賢首說三觀，都以空觀為首。密宗先從空輪起大風輪，從風輪起大火輪，從火輪起大水輪，水輪之上金剛地，從金剛地上湧出大蓮花，觀察自身坐大蓮花上，現出本尊，若空觀不成，則本尊無從出現，密法不能成功。所以禪宗以空為根本，「心空及第歸」。《心經》由照見五蘊皆空，度一切苦厄。空字在禪宗中即是到這裡一切放下。放得下即是止，提得起即是觀。話頭提得起，大疑大悟，小疑小悟，不疑不悟，疑情迴迴，即是止觀雙運，定慧平等。此與海外僑胞談談禪定，是佛教的基本。

「慧」：上言定不為一切境界所轉，今言慧能轉一切境界。迴真向俗，廣度一切眾生，改造家庭，改造社會，安邦定國，將萬惡變為萬善，將五濁轉成五淨，世界大同，此土即是佛國。蓋真心體明，自性無闇，分明事理，決斷疑念之作用；以之安邦定國，處處合法，頭頭是道。

我且說一則故事與大家聽聽，前五年有一位胡老居士，在敝寺作客，他說他在民國初年的時候，他為國民革命軍營長，看新聞報上，登了一則新聞，意云：泰國是以佛教為國教，自帝王以及文武百官、士農工商，全國人民，都須皈依三寶，出了一次家，學習僧制一年或半年之後，再返俗結婚做事，否則，大家說他是壞人，沒有受過佛戒，不是好人，女的不肯嫁給他，社會上不要他做事，生活上沒有辦法，所以人人都要受過佛戒，才可立身社會。為國王的太子，至少要出三個月的家，做了三個月的和尚，然後可以受國王灌頂，為正式太子，將來紹國王位。

出家後，回到家中，探視父母，父母當他是佛子，接足頂禮。為人子的身披袈裟，巍巍不動，亦不還禮，端坐受拜，其尊重如是。及清光緒末年，歐風東漸，耶穌基督硬勸人信他的教，用牛乳、餅乾種種利誘，我國如是，泰國亦然。有法國某神父，強迫泰人過分，至起衝奪，發生摳擊，互有死傷，泰人打死了，是無所謂；法人打死了，則發生國際交涉，要泰國賠款償命，每死一人要賠黃金千兩。泰國覺得法人太過苛刻，不肯答應，於是法國派遣海軍總司令，率海軍艦隊，進攻泰國。泰王聞知，驚惶無措，抵抗則力所不及，講和則大傷國庫。早朝時，與文武大臣商量，都無辦法。最後有一位大臣，跪奏殿前云：「臣聞國師僧王，是陛下度師，定慧具深，德高望重。請陛下向師父商量商量看。」泰王准奏，除此別無他法。於是泰王駕臨玉佛寺，向僧王頂禮，請示辦法。僧王道：「我為國師，當護國保民，代為卿差，往法艦講和，辦安全交涉，請陛下放心。」

於是泰國國王派小艇一隻，侍衛二人，隨著僧王赴法軍主艦，法軍總問明是泰國卿差，即在大軍艦上放下樓梯，僧王一腳跨上，如增萬斤壓力，大艦頓傾，法軍司令出迎，不知軍艦何以傾斜如此，幾乎站不住腳，待見到僧王上來，才得站穩腳步，肅客入艙，討論條件，僧王要他減輕半數，法軍總司令堅執不讓。僧王說：「既然如此拗執，敝國弱少，不能賠償。」法軍總司令說：「若不依此賠款，當即開火放炮。」僧王說：「敝國雖小尚能抵抗，請放炮可也。」於是法軍總司令命下，招呼開炮。命下之後甚久未聞炮響。總司令再下命令速速放炮。炮手驚惶入艙云：「不敢開炮。」總司令道：「我已下令，怎麼不敢？」炮手道：「請總司令出艙自看。」於是總司令步出艙外一看，對面是巴黎，這是法國海，周圍是法國地方，疑是做夢。明明艦隊停在泰國海中，怎麼仍回到法國來了，慌得不知所以。不敢再下令開炮，艙中僧王急催開炮，總是遲疑。僧王道：「若不開炮，請簽字無條件和平。」總司令想此處既是法國，我就簽了字，你也不能回轉泰國。此小艇豈能行得數萬海里乎？遂簽字言和。僧王將簽字條約納入懷中，出艙告別，步下小艇，急速開行，衝風破浪，駛入雲霧中頃刻而渺。法國總司令尚在艦上，與眾呆望，想此小艇必不能返回泰國。待此小艇駛遠不見之後，雲霧漸收，境界忽然又變，再看自己艦隊，仍舊在泰國海中，如夢初醒，再想作戰，但已簽字言和，況泰國有此不可思議的高人，不可孟浪。遂下令率艦退回法國。如是泰國保得平安，人民快樂。

此節故事，是表示僧王的慧力，不為境界所轉，而能轉一切境界，將泰國海變成法國海，挽回泰國的浩劫，如《法華經》中佛將此土變為淨土。常在靈鷲山，及餘諸住處。故智者見靈山一會儼然未散。上說故事余雖耳聞，未曾目見，考據毫無，但佛祖之能，實有過於此者，明佛教之妙用無窮，非是紙上空談。一人學佛修心，一人之利益無窮，可以明心見性，可以了生脫死，可以升天堂，可以生淨土，各隨所願。一家學佛修心，則大家團團坐，共說無生話，快樂無窮。一國人學佛，此國即是天堂佛國。整個世界學佛，則此世界即成大同世界，五清淨土。佛教之利益無窮，發展海外之佛教，因為度生之急務。孔子云：「心正而後身修，身修而後家齊，家齊而後國治，國治而後天下平。」反而言之，欲平天下者先治其國，欲治國者先齊其家，欲齊其家者先修其身，欲修其身者先正其心，正心在格物。格除一切物欲，即無貪瞋癡三毒，其心正矣。學佛亦是如是，欲發展海外佛教，先發展海內佛教，欲發展海內佛教，先發展本寺佛教，欲發展一寺佛教，先自明心見性。若自不度，而能度人，本亂而未治者，未之有也。雖云如是，菩薩發心，不求自利，欲先利他，如自己不會游泳，而教人游泳，不同斃溺者幾希。但隨緣隨分，常自抱愧，不為利養計，雖未見性，能自正心者，亦未嘗不可。

斥林語堂英譯〈尼姑思凡〉一文

〈尼姑思凡〉，又名〈小尼姑下山〉，這個故事，出在我的家鄉浙江省台州府臨海縣。我為童子的時候，就由我的鄰居童卿居士說給我聽，迄到現在仍舊有些記得。但現在的人，專門藉此謗毀僧尼，將好事編成惡事，創造種種歌謠淫詞，好事不出門，惡事揚千里，適合下劣人心，流傳最速。如林語堂，不知尼姑下山的真實故事，譯出〈思凡〉的歌曲，來謗毀僧尼，惡口妄言，惑亂人心，罪過無邊。我今將尼姑下山的真實故事。查考〈佛門異記第三集菩薩應化篇〉文，為真實證據，說給大家聽聽。

這個故事出在南宋時候，在我的家鄉浙江省台州府臨海縣。要說尼姑，先從和尚談起。那時候臨海縣兜率寺有一個高僧，名曰善戒，人稱戒闍黎，他俗姓婁，他的祖父曾官拜少卿之職，樂善好施，廣種福田。父名原祜，母張氏夫人，夜夢月光入懷而孕，一生下來就說道：「善哉父母，生我劬勞，長度群生，為世沃焦。」父母聞之，祕而不言。至五歲，他自稱六和大師，志慕佛道。到他十五歲，就告辭父母出家，在杭州路上遇見慧光和尚，說明想要出家。慧光和尚對他說：「天醫波利多，住在飛來峰，宜往見之。」師至飛來峰，波利多見而聞道：「汝從何來？」答曰：「從緣來。」又問道：「是何姓？」答曰：「是佛性。」又問道：「汝身是俗，安識佛性？」答曰：「我身雖俗，因俗證真，真俗圓融，洞然無二，無二之性，即是佛性。」波利多尊者異其根利，就為他落髮出家，受具足戒，名之曰善戒，人稱戒闍黎，從此雲遊參方，廣度眾生。

孝宗淳熙二年春，戒師遊五台山，至五郎祠。五郎神頗靈，鄉人常殺豬宰羊致祭。戒師指像叱道：

汝是一郎是五郎，妄興禍福宰牛羊，
老僧為說無生法，免至冤家累世償。

說畢，五郎神像立刻塌壞，五郎祠也無火自焚。鄉人驚駭不已。

淳熙四年，戒師至杭州天竺山，有行人禪師，勤修止觀，與師交往，頗為相得。禪師告戒師道：「我要回台州兜率院，我們一齊去好嗎？」戒師聞言很高興地說：「好！好！」遂結伴同行，路過紹興，居住旅館，店主王伯恭見二師結伴同來，向前頂禮慟哭，戒師驚問何故，店主答道：「先君去世。」戒師道：「你知道你父親死後，往生何處？」王伯恭道：「弟子不知，願和尚慈悲，指示我父所生之處。」戒師回頭對禪師道：「這事怎麼辦？」禪師道：「救諸有情，今正是時。」戒師即呼其家犬到面前來道：「汝身雖異，本性昭然。」說也奇怪，那隻犬一聽戒師的話，就忽然淚下，而且開口對王伯恭道：「我是你父，以罪業故，受此報形。」王伯恭道：「既是我父，做何罪業，而遭此報呢？」其犬道：「我生平不信佛法，誣蔑善人，自己不肯布施，看他人布施，用言阻止，因此遭受此報。願汝念父子之情，哀求二師慈悲，為我說法，得脫此形。」王伯恭知道家犬就是父親轉世，頓足哀號，懇求二師救他父親。戒師對著狗子說法道：「心隨境轉，業花敷茂，心空境寂，業花自滅；罪無定罪，業非真業，心邪則業風自生，心正則業風自止，皆由汝心，非他所授。」

犬聞法後，至晚不食而死。王伯恭因此也求戒師為他落髮出家，法名道稠，追隨戒師，行化四方。行人禪師，專弘淨土，誓與眾生，同生極樂。

淳熙九年三月間，戒師回到台州兜率院安住。現名兜率寺，我在十多歲時，常常到寺中遊玩。

時有尼姑，姓周，排行第七，人稱周七娘，又號周尼，世居臨海紫岩，她的父親曾做過兩浙鹽運使。其母于氏，生她時亦有種種神異，因此長大了，不肯結婚嫁人，就在紫岩庵做個尼姑，行化都市，逍遙自在，常與戒闍黎交往，妙行莫測，時人不識，以尼姑思凡笑之。編造淫詞，傳為歌曲，藉以污辱佛教。而戒師置若罔聞。

時台州知府汪平，對他的夫人說：「聞兜率院戒闍黎，能夠吃三個豬頭五斗酒，我想看看這和尚是怎麼吃的。」夫人也笑諾，具名相請，迎戒師至府，未語先食，五斗酒三個豬頭，頃刻而空。太守見如此吃法，不禁稱奇。可是太守的夫人，在後面窺見有騰空而入的鬼神環衛，但見戒師擲至空中，鬼神接而食之。太守驚異不已。

淳熙十三年，周尼與戒闍黎，握手沿路經行，遊戲街市，歌嘯自得。周尼歌曰：

笑煞愚癡漢，營家無歇時，

四山若來合，妻子各分離。
世人都笑我，我笑世間人，
如意摩尼現，無人識本真。

當時的人，也莫測他倆是凡是聖，只笑笑而已。戒闍黎又為歌道：

瘋僧瘋婆，喫酒蹉跎，
太守仁風，闍黎神樂。

光宗紹熙四年，台州大旱，五月不雨，闔府百姓，祈禱神祇，不獲感應，反而烈日炎炎。時太守趙邦彥，把廟裡的城隍龍王神像，都搬出來曝曬，責其不能救民。那天晚上夢神示云：「汝知龍神職司行雨，若無天帝敕令，是不敢自專的，兜率院戒闍黎是文殊菩薩示現，方能致雨，可往求之。」次日趙太守齋戒沐浴，率領僚屬，親至兜率院求謁。侍者道稠，為通誠悃，他們進去時，正當戒師醉後嘔吐，官吏將所見之穢，告訴太守，太守不聽，直入師室，惟聞異香芬馥，衷心駭異，頂禮道：「邦彥少德，報有微祿，恭膺敕命，牧守此邦，大旱為災，民不堪命。邦彥薄德，施政乖戾，上天降殃，以彰臣心，用是首愆思過，冀格天心，乞師慈悲，俯垂明證，願求一滴天漿，永息萬民熱惱，不勝瞻望之至。」言罷，再拜不起。戒師道：「明府不用心憂，當有報命。」太守率眾叩謝辭退。戒師索紙墨作一鎖鑰書，取火焚之，不久，大雨隨至，四境沾足，秋收甚豐，農民以歌紀之曰：

仲春喜新晴，六月遭酷照，
太守揚仁風，閭黎妙神訣，
除熱得清涼，歡聲幾時歇，
七月始種田，登場大有年，
謳歌編村巷，快活似行仙。

一日，戒師踊身虛空，現種種神變，還居本座，雙手舉示，連呼大眾，看！看！左手現日，右手現月，放大光明。大眾歡喜注視。戒師道：「老僧以此神力，轉大法輪。」又見他口現蓮花，放百寶光，灌諸人頂，大眾驚異。又見戒師頂上毫光萬丈，光中現出七佛，四眾瞻仰，歎未曾有。師對大眾言：「老僧世緣已畢，今與汝等作別。」四眾悲泣。侍者道稠出眾請問道：「若大道場，當來如何？」師曰：我此道場；

水火不漂焚，世世不泯絕，
當來遭不祥，誓不成正覺。

戒師坐化後，太守趕來瞻拜，流淚道：「我以薄德，不獲入室親聞法要，負疚滋深。」施巨資為師建祠宇。

戒師圓寂時，有人對周尼說：「戒和尚化去了！」周問：「真的嗎？」也於普濟橋下，瞥然而化。足生蓮花，香光交錯，里巷宣傳，觀者紛集，莫不驚歎。後七日，忽有一異僧，鬢眉皓白，衲衣跣足，攜杖而歌曰：

戒師文殊，周尼普賢，
隨肩搭背，萬世流傳。

後有無知之徒，將此故事，編為〈尼姑思凡〉，褻瀆賢聖，但他根本不知佛法，唯知適合人心，造些下劣歌詞，如林語堂者，好話不說，害人有餘，真是一犬吠影，眾犬吠聲，這個缺德鬼，且看他如何死法。

祝《慈明》月刊

佛教一切刊物，即是佛陀精神的代表。刊物發展於世界，即是佛陀的廣長舌相遍覆三千。《慈明》出刊已一週年，執筆諸大德，抱負宏遠，生花妙筆蓬勃精神，慈愛一切眾生，如明燈照耀於世界矣！謹為之歌曰：

慧眼閱世，既慈且明，光昭黑獄，智燭愁城。
苦海拯溺，覺岸度生，地鋪金玉，河洗甲兵。
極樂同喚，一年有成，三聖現空，金蓮接引。
漸轉五濁，將成五清，干戈永息，世界太平。

《慈明》月刊應努力的方向

《慈明》月刊，內容豐富，宣傳得法，早已獲得各界的歡迎，是值得讚揚的。現在已邁進了第五年的階段，以為法盡瘁的精神，發心開闢一個嶄新的佛教文化新境界，徵文於余，余向不喜歡投稿，今以發心難得，用個人的意見，分述如下：

一、應努力使在家居士，尊重三寶

世界上一切宗教，不外乎孔老耶回，其修為皆依天立命，不敢違天，都以生天為目的，永生為究竟。唯佛教超一切宗教之上，不言永生，而言無生，出三界，入法界，亦科學，亦哲學，亦宗教，以不可思議故，而超過一切宗教之範圍。科學哲學更發展，而佛法更昌明。歷萬古而不變，盡未來而不朽，故國父孫中山先生說：「佛教乃救世之仁，佛學是哲學之母，研究佛學可補科學之偏；佛教是造成民族，和維持民族，一種最雄大之自然力。」蓋佛法是唯一根本的真理，又是唯一合理的宗教，又是實證的哲學，又是應用的科學，具足五明故，絕對沒有分毫迷信。既知佛教之偉大，要發心學佛，首須皈依三寶，作三寶的弟子，次則五戒十戒，乃至受菩薩大戒，才算真實佛教徒。在家則為佛教護法，出家則為眾生福田。既為三寶弟子，首要明瞭如何曰三寶，應當如何尊重三寶，不可靠佛教吃飯，住佛教寺廟，依佛教生活，就算三寶弟子，今為此輩略明三寶如下，三寶有六：

1. 佛初成道：首轉四諦法輪度五比丘，此是最初三寶；以釋迦牟尼為佛寶，四諦法輪為法寶，五阿羅漢為僧寶。

2. 次有小乘三寶：丈六應身為佛寶，四諦十二因緣為法寶，四果四向為僧寶。

3. 後有大乘三寶：三身十身為佛寶，二空真理為法寶，三賢十聖為僧寶。

4. 約親證則有一體三寶：真如覺了為佛寶，全體軌持為法寶，事理和合為僧寶。

5. 約度生則有別相三寶：法報化三身為佛寶，教理智斷為法寶，三乘階次為僧寶。

6. 約現實則有住持三寶：刻像圖形為佛寶，三藏經律為法寶，剃髮染衣為僧寶。

此六種三寶之中，前五種都是宣講佛法的資料。究其現實，須尊重住持三寶，佛法由此三寶而住世，故名住持。然佛門廣大，弘法在人。故僧寶尤為三寶之基礎。尊重佛法，先當尊重僧寶。住持二字，為僧寶所擔任，是僧寶之所獨有，非在家居士之可共稱也。蓋僧寶受過三壇大戒，堪作人間福田，受十方供養，今日末法時代，普通一般人，但知敬重佛法二寶，不知尊重僧寶，以致僧弱魔強，僧寶「住持」二字，為俗人之所共有，俗人住持，亦受十方供養，僧寶之權利，幾為俗人之所占盡，不知居士但處護法地位，無有住持寺廟之分，設或該寺無僧，為居士占有，但稱管理人，或當家的，或負責人，都無不可，若稱住持，則與住持僧寶之名混亂，以俗侵僧，律所不許，禍在三途。但俗人不學佛戒，只圖利養，聞必瞋恨，當善言勸導，尊重住持三寶中的僧寶，不可侵奪僧寶之名利，改為某寺廟管理人，受人供養，當知非分才是。

二、應努力更正僧俗函件上的稱呼

余出家已近四十年，初在福州鼓山法界學院親近慈舟老法師學律，並聽唐譯

《八十華嚴》，及《楞嚴》等諸經，後至上海親近應慈老法師學晉譯《六十華嚴》及唐譯《四十華嚴》等經，師生同學及護法居士等往來信札上的稱呼，有不當處，多受老法師之教訓指責，此中多非初學佛人之所知者。余自民國四十三年來臺，創建十方大覺禪寺，見許多來信中開首稱呼及結尾之不當，故今特為提出，以做尊重僧寶之助，分條列下：

（一）在家二眾致出家二眾函

凡在家二眾居士，不論學問程度之高低，年齡之老少，致函出家二眾老少僧尼，末尾皆當自稱「弟子某名頂禮」。今人多不知自己是三寶弟子，或未皈依三寶，而自稱「不慧」、「不佞」、「愚晚」、「後學」等，我慢貢高。或有自稱三寶弟子，亦不若自稱「弟子」為懇切，再「頂禮」二字，都不肯用，怕與僧尼頂禮，自低身分，這種驕慢習慣，須曾皈依某法師，未有師長教訓，都非佛門弟子的行為，凡與俗人說皈依時，或佛學院學生，當努力指導更正。

（二）比丘尼與比丘間之函件

佛教有八敬法，百歲尼僧，應頂禮初夏比丘足。況余出家已近五十年，多有新戒尼僧來函，末尾不肯寫頂禮二字，或是我戒弟子，不肯自稱戒弟子頂禮，而寫衲〇〇合十，或小尼〇〇敬書，或寫後學〇〇等怪現象，真令人看得不順眼，況此文字上假言說，都不肯向大僧頂禮，八敬法早已取消矣。以後在戒期中，佛學院中都要努力更正，若無師承關係，最好自稱「學人」、「學尼」〇〇頂禮。

（三）戒弟子與壇上十師及各引禮引贊等前輩的函件

先寫得戒和尚慈座，或羯磨阿闍黎慈座，或教授阿闍黎慈座，或尊證阿闍黎慈座。以上三師七證開頭寫法，大師父慈鑒、二師父慈鑒、三師父慈鑒等。在戒堂時如何稱呼，出戒堂時亦同樣地稱呼尊重師承，不得改變。對引贊師父亦一樣，末後都要自稱「戒弟子某某投誠頂禮」，或「戒弟子某某頂禮謹呈」，略則單寫「頂禮」亦可。若寫「合十」、「敬上」、「敬書」都是不可以的。尊師重道，應當注意。

（四）一個「公」字的用法，最易使人錯誤，應當注意

凡對師長或前輩寫信，此一個「公」字，切不可用。我初學教，曾致函應慈老法師，寫「應公老法師慈鑒」被責罵教訓一回，使我永久不忘。蓋公字是用於平輩客氣之稱呼，若用於長輩，切切不可。若對法師及善知識，應當寫「親教和尚慈座」以表我跟他學教的，他是我的親教師。不可寫上下名字，以示親切。如致函自己的父母、伯叔、大舅父、二舅父、大姑母、二姑母、大姨母、二姨母等，一切長輩，都不應寫名字。俗家如是，出家亦然，對於自己的師公、師父、師伯、師叔及戒壇諸師，親教和尚，開頭都不應寫名字，更不應寫某公。名字寫在信封上，郵務士不會誤投即可。若對平輩同參道友，開頭寫某公法師道席，末尾寫弟某某頂禮。若對出家較遲的，或戒師與戒弟子函，才用愚師、不才、不佞、不學、拙衲某某合十。此尊師重道之表示，不可不知。以上所說，最好是在戒壇上另紙宣布，但此非戒壇教授引禮不可，他人無能努力。今且做月刊上的努力宣傳。各位法師們！若遇有不如法的信，即回函指責。過去上海佛學書局有僧伽尺牘，專門指示僧俗函件，此間但有佛教日用文件，言而不詳。故今特為提出。

（五）應努力提倡黑白誦戒，宣傳三皈五戒及八關齋戒

佛將滅度時，阿難尊者問，佛在世時以佛為師，依佛而住；佛滅度後以何為師？依何而住？佛答：以戒為師，依四念處而住。斯明戒律之重要，關係佛法僧三寶之存亡，應當努力提倡可知。然各處法師講經者多，弘律者少，戒期宣講，為時匆促，略而不詳，平常請法師都是講經，未有講律。如弘一、慈舟二位老法師，已不可再遇。所以在戒期中不明戒律，出堂之後將戒本拋棄他處，黑白不知誦戒，為比丘自不持戒，亦不能教他人持戒。或傳授三皈五戒，不知八關齋戒的功德，受持一日一夜，可免二十劫飢餓之災，得生天上，受福無量。馬來西亞善歸法師來信云：每月傳授四次八關齋戒，每次都有三百餘人，在此間則未有此風，當努力介紹宣傳，令一切人求福。

（六）應努力宣講《出家功德經》，使多增佛子

余每次參加臺北基隆佛教會，目見會場中多是俗人，出家僧伽寥若晨星，僅十之一二，理監事多是居士，白衣高坐，此佛門衰象，真有些痛心。今夏，道源老法師來本寺講《維摩詰經》，談及僧寶問題，將後恐有絕種之慮。或因僧人品德不

夠，受輕於俗人，於是居士傳法，亦稱三寶弟子，或全不皈依，亦稱三寶弟子，過在不知出家功德，自生我慢，經云：「詹蔔花雖萎，猶勝餘花。」為僧雖無道德，總是受過三壇大戒。即此一點居士所不能。學問更好，終是居士身，應當尊敬僧寶，頂禮問訊。余讀《出家功德經》之後，深自慶幸，先發心募印五千冊，普遍結緣，今初開始，徵求附印，或助印若干結緣，功德無量。

《中華大藏經》序

佛法為包博出世間一切究竟之學說，宏通廣大，玄妙精微，不可思議。雖有阿難尊者之結集經藏，優婆離尊者之結集律藏，諸大菩薩及歷代祖師之造論者疏，自漢明流入中國，苟非代有所修訂，則諸藏無由合集，散漫失統矣。蓋佛教三藏，巨著宏編，汗牛充棟，欲得全集而讀之，既為時間所不許，亦為精力所不及。此《大藏經》之所以輯也。間嘗讀《隋書・經籍志》，悉梁武帝於華林園中，總集佛教經典凡五千四百卷，沙門寶易又撰諸經目錄，斯為佛經有藏之始。復經平生考據藏經之編纂而猶能憶及者：如唐開元間，沙門智昇編《開元釋教錄》二十卷，列入五千零四十八卷，其後宋元明清，公私鐫版者亦至夥。宋有蜀版五千零四十八卷，福州東禪寺版六千四百三十四卷，福州開元寺版六千一百一十七卷，思溪版五千九百十八卷，蘇州延聖院磧砂版五千八百零二卷，一說為六千三百餘卷，元有杭州版六千零一十一卷，明有《南藏》六千三百三十一卷，北藏六千三百六十一卷，清有雍正間之《龍藏》，則依明本而重刊者，乾隆間又有《續藏》之刊行焉。入民國後，有

《頻伽藏》之纂輯，則據日本弘教書院本，益於《龍藏》、《續藏》而成者，都八千四百一十六卷，頻迦云者，以藏為頻伽精舍主人哈同氏所主編也。宋元明諸版本，久多亡佚，惟南京磧砂版尚存孤本，原藏臥龍、開元二寺，缺一百七十三卷，後為西安省立圖書館收藏。茲者板蕩中原，赤氛彌漫，皇皇巨帙，恐亦無存，謂非釋典之一大劫乎？屈文六長者惄焉傷之，爰發重修中華大藏之弘願，而當代緇素，咸表贊同，悉力以赴，乃成立修訂《中華大藏經》會。徵集會員，釐定規章，延攬人才，從事編訂。並分是經為四大類；曰選藏，曰續藏，曰譯藏，曰總目錄，其大要已詳於印順法師之序矣，茲不再贅。從此華文聖典譯傳，靡不蒐羅盡有。雖續藏譯藏，猶有待後來者之擴充光大，而於此八稔之中，已將選藏完成，其功實不可沒。靈源自慚淺識，亦得追隨於後，共襄盛舉，不揣冒昧，謹舉所知者而約略言之，以誌梗概，何敢言序云哉！

民國五十二年（一九六三年）暮秋之月

沙門靈源謹識

重印增刊《華嚴經・普賢行願品》別行本緣起

《大方廣佛華嚴經》者，是我佛如來，初成正覺，稱性之極談，一乘圓教，究竟圓滿之修多羅也。初有晉譯六十卷，賢首國師造《探玄記》以釋之。後有唐譯八十卷及四十卷，皆有清涼國師之疏鈔釋之。經文浩瀚，初學難以持論，講解更難，唯最後〈普賢行願品〉一卷，盛行於世，受持讀誦者甚多，蓋十大願王，實有益於世道人心。禪門課誦，早晚以此觀文，單行印送本，隨處都有。

今本寺有僧見性者，發心募印〈普賢行願品〉註解，求善本於余，余之前在上海應慈老法師增刊《華嚴經・普賢行願品》別行本示之，蓋此即余親近上應下慈老法師時所學之本。師因初學之人，未聞全經，單聽〈普賢行願品〉者，以開章即言「爾時普賢菩薩摩訶薩稱歎如來勝功德已」一句，讀者茫然，不識何為如來勝功德之義。

爰有江妙機居士等請師增刊〈普賢行願品〉，將《四十華嚴》之三十九卷後半，如來勝功德之偈文，加印於十大願王之前，合成一冊，以便受持讀誦，為他人解說，則開卷先知普賢菩薩稱讚毘盧遮那如來二十一種勝功德已，然後接讀十大願王，俾知願王為普賢之因心，功德為遮那之果覺。是以我等一切眾生皆當修行普賢菩薩十大願王之因，完成毘盧遮那二十一種功德之果。此乃因該果海，果徹因源，為徹底學佛之方針，千佛萬佛之因轍也。至於彌陀之號，遮那之名，皆印度梵語，翻譯華文。毘盧遮那，此云：「遍一切處光明，身土不二。」阿彌陀，此云：「光明壽命無量，遍十方國，無所障礙。」名異體同所以經云：「十方諸如來，同共一法身，一身一智慧，力無畏亦然。」者是也。清涼國師云：行願一品，為華嚴關鍵，修行樞機，文約義豐，功高益廣，能簡能易，唯遠唯深，可贊可傳，可行可實，西域王臣，未有不習，為吾人學佛不可少之典章。上義是余親教師上應下慈阿闍黎之所言，今日重印此品，錄作緣起云爾。

民國五十四年（一九六五年）乙巳

靈源寫於基隆十方大覺禪寺

重印《正法眼藏》緣起

我佛出世本懷，是要令一切眾生開示悟入佛之知見，人人都獲得正法眼藏。然正法眼藏是不易得的，要有宿世善根，肯定修持，心不二用，勤求精進，不為一切名聞利養所轉動，則可希望。否則，都是一生空過。

應慈老法師，是我在民國二十二年，福州鼓山湧泉寺，受具足戒時的羯磨阿闍黎。初為我等講解《梵網經》上、下卷。再在上海辦華嚴學院，為四眾人等講晉唐二譯三部《華嚴》，余隨師十餘年，深受法乳之恩。後余赴南華，再往香港，而師仍在滬杭各地弘法，及余來臺，師已九十餘歲，今已入滅。同學朱妙雲居士處，存有師八十壽誕紀念集一本，名曰《正法眼藏》。

余閱後，頗覺此書重要，乃集資翻印，以廣流傳。願學禪諸大德，發心助印。此書集禪宗歷代祖師傳授心法之精華。凡發願參禪諸大德，皆當手持一本，熟讀細參，即可無師自悟，得入禪宗之門，明心見性，了一大事因緣，悟入佛之知見。

民國六十一年（一九七二年）雙十節
靈源發起重印

《本際老法師紀念集》序

世尊垂跡，遍化三千大千世界，妙法難行，寺開微塵剎土。光耀慧日於昏衢，示成正覺於濁世。息惡從善者如粟，明心見性者如麻，一舉手一低頭，凡有一念信心者，皆植菩提種子。其利益眾生，無有過於佛法者也。

本際老法師披剃雖遲，學佛甚早，親近大善知識甚多，其得受用處，亦非常人所及，故其詩文，可與道合，留傳後世，利生無量者也。憶我少讀《楞嚴》，中歲出家，禮上虛下雲老和尚剃度而學禪，近上應下慈老法師座下而學教。憶民國三十七年，在上海慈雲寺沉香閣（內有三尺高沉香木塑觀音大士像），聽應慈老法師講華嚴法界觀門，時有西裝長鬚精神矍鑠老人入座聞法，此龍健行老居士也。雖未交談一語，已深印在八識田中。民國四十三年，余自香港來臺，將在基隆興建十方大覺禪寺，聞龍老居士已隨南亭老法師剃度出家，法名本際，隱居中壢圓光寺靜修，余專程前往拜訪，蒙竭誠招待，並為我介紹施主募緣。乃至十方大覺禪寺落成，各處聯語，常賴老人之助。老人詩文並茂，出口成章，修持涵養，亦世所希有。老人與建海印寺，為余鄰居，朝夕相見，得其文字之助，余為《佛菩薩聖像畫集》，又得其題句。其勸世利生之書，參禪養道之文，都可留傳於萬世。然生老病死，世所不免。老人壽已近耄，為世所罕見。其為顧印光大師遺命，復興勞山海印寺，創建今日之海印寺，大願已酬，撒手歸去，息化歸真，忽忽已屆三週年矣。其高足仁化法師，學識明敏，名師高弟，老人衣鉢有承矣，光大海印有期，老人慰耳。今集老人生平事蹟，及各種照像，為老人做紀念集，求序於余，余實不文，於無法推辭中，念老人生平之愛，特勉為之略序數語云爾。

民國六十年（一九七一年）五月一日

《慧明法師開示錄》再版序

夫萬法唯心，三界唯識，盡虛空遍法界，無非為吾人自心之所造，故諸佛心內眾生，眾生心內諸佛，心生則種種法生，心滅則種種法滅，心包太虛，量周沙界，所有一切，皆是吾人之心境。若能返真歸元，則十方虛空悉皆消隕。故佛法即是心法，心平則大地皆平。平常心是道，平則心水無波，常則永遠如是。如是修，如是證。慧明法師吾初出家即聞其名，惜未見其面，今見是開示錄，如見其人，亦見其心也，依此修學，人人可以成佛，今吾徒知昌，欲再版影印，故樂為題數語。

基隆十方大覺禪寺住持靈源

《李執中先生遺著集》序

實際理地不受一塵，固在乎明心見性；佛事門中不捨一法，必資於文字語言，此古今之通例也。物則古人道感而形化，又曷嘗貴於語言文字哉？因不獲已而有言也。言或偶爾遺忘，又不獲已而記之簡策，又懼不能行之於道，乃有傳記論文書集流傳於後世。或謂靈明中居，一物不可留，況語言文存，紛穢龐雜足以礙沖虛而窒真如。達摩西來，以《楞伽》印心，尚有其隨於枝蔓，況諸世間傳記文乎？曰：人之根性不同，而古之垂教亦異。《大乘起信論》云：「或有眾生，無自智力，因於廣論而得解者。」如此則非有文集流傳不可。

李執中居士者，我師祖上虛下雲老和尚之皈依弟子也。少余三歲，學識皆在余上，余雖作僧，實同庸俗。居士處家修真，實乃出世之菩薩也。將經世才華，學出世佛法，以有漏果缽，修無漏因心，既了自性彌陀，已證惟心淨土。所以化緣將畢，撒手西歸，此不可思議之事實，不可以通常人視之。回憶民國四十三年，余自香江來基隆，開建十方大覺禪寺，為申請土地關係，要塞難通，全賴居士之助，得有廣大寺址，造成巍峨之殿宇。今居士已別西逝，此無漏功德將永垂不朽也。今其夫人申補天居士，為印居士生平之文集，徵序以余，余不文，特寫數語以誌不忘厥德耳。

虛雲老和尚事略

我師上虛下雲老和尚，法名演徹，字德清，屬湖南湘鄉蕭氏。咸豐八年，剃染於鼓山常開上人座下。且戒後，隱岩洞中，禮萬佛懺三載。又任職鼓山，為水頭、園頭、行堂、典座，苦行四年。復向後山中做岩洞生活。食松毛，飲澗水，苦行四年。朝天台，侍融鏡法師，習天台教觀。至高明寺，聽敏曦法師講《法華經》，下山朝普陀，至寧波阿育王寺，拜舍利。至杭州朝三天竺，禮天朗和尚。至焦山禮大水和尚。至金山，禮觀心和尚。至高旻禮朗輝和尚。時師四十三歲，禪功大進，復三步一拜，北朝五台，備受諸苦，感文殊大士化身文吉，代負行李。又朝北嶽恆山，陝西香山，甘肅崆峒山等名山。至光緒二十一年，師五十六歲，在高旻寺禪七靜坐中，萬念頓息，工夫落堂，晝夜如一，在臘月八日晚，六支香開靜時，護七例沖開水，濺師手上，茶杯墜地，一聲破碎，頓斷疑根。乃述偈曰：「杯子撲落地，響聲明瀝瀝，虛空粉碎也，狂心當下息。」又云：「燙著手，打破杯，家破人亡語難開，春到花香處處秀，山河土地是如來。」翌歲，由金山往朝狼山，回焦山，自念生而無母，未見慈容，夙願往阿育王拜舍利，於大病中燃一指供佛，病遂癒，留住育王過年。後往終南山，住茅蓬，一日，煮芋釜中，跏趺待熟，不覺入定，不知時日，歲又暮矣，鄰棚復成師，訝師久不出，來茅蓬賀年，見棚外虎跡遍滿，無人足跡。入蓬視師，見在定中，乃以磬開靜。問曰：「已食否？」師曰：「未！芋在釜中已熟矣。」發視之，已霉高寸許。復成訝曰：「你一定已半月矣。」

自後遠近僧俗，咸來視師，師厭於酬答，乃宵遁。往朝雲南雞足山。下山抵昆明，住福興寺，閉關度歲。

光緒三十年，師年六十五歲，講《圓覺經》、《四十二章經》，於歸化寺。皈依者三千餘人。至大理，住三塔崇聖寺，講《法華經》，皈依者又數千人。上雞足山，覓得缽盂庵，禮接十方四眾。因寺破糧缺，往騰衝募化，在吳太史家誦經，闔邑官紳士庶，咸來隨喜，皈依者又數千人，樂捐巨款回山。備糧建屋，坐香，講經，傳戒。是年四眾求戒者七百餘人。山中諸寺，亦漸改革，著僧衣，吃素菜，且上殿掛單矣。翌年，師六十六歲，至檳城極樂寺講《法華經》，青雲亭講《藥師經》，吉隆坡靈山寺講《楞伽經》。前後皈依者萬餘人。時滇省僧眾全體來電，謂政府提寺產，寄禪師有電來約，請師速回，共圖挽救。以歲暮在即，留靈山寺過年。明春回國，船經臺灣，參觀靈泉寺，及各處佛寺。是時中日兩國正暗中磨擦，對中國僧人，每多注意，更禁日僧來華。師欲聯合中日佛徒事，以此緩進。三月，師回滬，與佛教會代表寄禪法師等，同進京請願，住賢良寺。肅親王善耆，請師為其大福晉說法，以及庚子隨鑾時，各王公大臣多來相視，幫助上奏，各省提寺產之風遂告平息。師以雲南全省未有《龍藏》，奏請頒發。遂於光緒三十二年七月二十日，皇恩敕賜雲南雞足山鉢盂峰迎禪寺，加贈護國祝聖禪寺。欽賜《龍藏》鑾駕全副，欽命方丈，御賜紫衣鉢具，欽賜玉印、錫杖、如意。封賜住持虛雲為佛慈洪法大師之號。奉旨回山傳戒等。藏經起行，先到廈門，由南洋運滇。水陸兩路，較為便利。師憶回滇建藏經樓，需款甚鉅，於泰國暹京講《地藏經》畢，續講〈普門品〉。聽者數百人。一日，趺坐，定去，忘記講經。一定九日。轟動暹京。自國王大臣，以至男女善信，咸來羅拜。出定後，講經畢，國王請至宮中誦經，百般供養，肅誠皈依。官紳士庶皈依者數千人。贈資甚鉅。暹王送洞裡地三百頃，師轉送極樂寺，在此設樹膠廠，師在極樂寺講《大乘起信論》、〈普願行願品〉，皈依者甚眾。

宣統元年，師七十歲。由檳榔嶼運經起行。至仰光，高萬邦居士迎接，留住月餘。親送至瓦城，請玉佛一尊，送祝聖寺供養。船至新街，住觀音亭。僱馬馱到雞足山，以物件太多，分成三千餘馱。獨有玉佛太重，馬不能任，僱不出人，暫奉於觀音亭。至後數年，乃請回山。人馬同行，幾及千眾，經騰越，下關，各鎮多承地方迎接。在路上數十日，人馬平安，獨由下關進大理時，忽雷電交作，洱海波騰，雲氣變幻，作奇景而不雨。至寺門，行迎經大典，安妥後，乃大雨滂沱，每日仍放晴。咸謂洱海老龍，來迎藏經也，是時，雲貴總督李經義，奉諭派員大理，率官紳接旨迎藏，目睹斯事，同贊佛法無邊。在大理休息十天，由下關趙州抵賓川縣，直到祝聖寺。一路平安。奉經入藏，正宣統元年臘月三十香會，萬眾歡騰，得未曾有。

宣統三年，師七十二歲，是年九月，武漢革命，傳至滇中，地方大亂，賓川縣城被圍，幾肇大禍。師調解之。又統兵官李根源，因誤會，派兵圍雞足山。師為解釋，引兵去。且皈依三寶，廣書今紹信，與蔡松坡諸公，共為護法。民國五年，師七十七歲，以高萬邦居士所送玉佛，已閱數年，師擬迎回，乃再往南洋。民國六年春，由觀音亭起運玉佛，僱八人舁之，訂明送到雞足山，酬費若干。所經山嶺崎嶇，凡數十日，有前人未經者。某日，行至野人山，舁者疑玉佛中有金珠、鈔票，乃置佛地上，言力不勝舉，要加價數倍，慰勉之，更聲勢洶洶，似將不利者。師度不可理喻，瞥見道旁有一巨石，重約數百斤。怡然語舁夫曰：「此石與玉佛孰重？」眾曰：「二三伺之。」師兩手舉石離地尺許，群咋舌。乃婉謝曰：「老和尚活佛也。」不敢言。舁佛至山，厚賞之。

民國七年，師七十九歲。受唐督繼堯請，赴昆明做佛事，招安匪眾，大赦牢獄。師八十一歲，春，唐督請建水陸道場事，繼續講經，重修昆明西山華亭寺。動工時，於土中掘出古碑，有雲棲二字，題識年代，已漫滅矣。後將此石嵌於海會塔上，改華亭寺為雲棲寺。民國十一年，師八十三歲，陳太史筱甫，將自己花園送與農林學校，取回勝因寺地址，改作雲棲寺下院。又修太華寺松隱寺。在山下新建招提寺。改村名為招提村。在後山採木料於深林中，撿一遺包袱，內有金銀幣等，值二十餘萬元，送與政府，為賑濟用，眾謂常住困難，應留常住。師謂佛制，僧人不得拾遺財，今已拾之，已屬犯戒。歸於常住，更為非義。諸公樂捐己財，以種福田則可。僧人無糧，募化則可。拾遺歸常住，衲不敢也。眾稱善。遂撥為帳款。

民國十三年，師八十五歲。具行禪人，以三昧火自化。

具行禪人，任種菜職，不辭勞苦，不蓄餘物，口無多語。是年戒期，請為尊證。比丘戒過，即告假住下院勝因寺。三月二十九日，往大殿後，自取禾稈數把，披袈裟趺坐，左手執引磬，右手敲木魚，面向西念佛。自放火，寺中數十人不知。寺外人見牆內大放火光。進寺一看，見禪人趺坐火灰上不動，形狀如生。衣物如故。惟木魚、磬柄成灰。下院人來報，師因初八菩薩戒，不能下山，已書請財政廳長王竹村、水利局長張拙仙，暫代料理。二人見此奇異，即向唐督說。唐率全家觀看，近前取引磬，忽爾全身倒下成灰。眾等大生信心，唐提倡由政府為辦追悼三日。瞻禮者數萬人。禪人世壽四十九歲，僧臘十四年，即證無生法忍。此不可思議之境，非凡眼所能窺也。

民國十八年，師九十歲。正月，由滬回鼓山，海軍部長兼閩主席楊樹莊，與前主席方聲濤率官紳留師住持鼓山。師以薙染初地，緬懷祖德，義不可辭也。遂就任。翌年，春期傳戒，正為眾講《梵網經》，方丈丹墀，鐵樹二株，一為閩王手植，一為聖宴國師手植，迄今千餘載，鐵樹開花，大如盆，鬚瓣若鳳毛，遠近來觀，絡繹於道。

民國二十一年七月。靈源為道遊方，由武夷至鼓山，見殿宇莊嚴，風景幽美，遂決志出家。先隨慈舟老法師修補宋代藏經，九月十九日，師為源剃度，收作徒孫，法名宏妙，字靈源。

民國二十二年春期傳戒，請應慈老法師為羯磨，講《梵網經》。靈源即於是年受具足戒，隨應慈老法師學《華嚴》。

民國二十三年，師於二月某夕，趺坐中，見六祖惠能大師至語曰：「時至矣！汝當回去。」翌日，以告弟子觀本曰：「吾世緣其盡乎，昨夢六祖召回去。」觀本以語相慰。至四月間，一夕三夢，六祖催去。未幾，粵中禮請電至，師以六祖道場，亦有繼憨山重修之必要，遂有嶺南之行。是冬諸護法堅請傳戒。粵韶官紳眷屬多來隨喜皈依者甚眾。冬月十七日，結壇正殿，入夜說菩薩戒時，虎來皈依。眾懼，師為說戒畢，馴然三叩首而去。以後每年必出巡一二次。山豬野獸絕跡。偈曰：「虎識皈依佛，正性無兩樣；人心與畜心，同一光明藏。」

民國二十四年，師九十六歲。春戒後，應香港東華三院請，赴港建水陸道場，壇設東蓮覺苑。佛事畢，轉鼓山辭職，請圓瑛法師繼任住持。師回南華，卓錫泉之南，有宋代老柏三株，枯數百年矣，冬月忽發新枝，觀本首座為長歌記之。

民國三十三年，師一百有五歲。師以重建六祖道場竟，偕粵僧福果往曲江乳源各地，訪尋靈樹道場，未獲。至雲門山，見荊棘中殘存古寺，內有肉身一尊為雲門開宗道場，倘不重興，行將湮沒。遂將南華職務交弟子復仁住持，至雲門駐錫，重荷中興艱鉅。

民國三十五年，師一百有七歲。第二次世界大戰既停，南華於是年春仍傳戒講經。七月，政府通令全國寺院諷經，追薦亡者。穗垣官紳士庫，請師主法。於九月十七日在六榕寺設壇。寺內緋桃，忽然著花，重台璀璨，得未曾有，隨喜者十餘萬人。

民國三十六年，師一百有八歲。南華春戒後。師赴港法事畢，又赴澳門講經打七，皈依者數千人。事畢回雲門寺，趕造完成各殿宇工程。三十七年冬，美國女居士詹寧士，來求五戒，為舉禪衣，歡欣而去。禪七中由顏世亮居士翻譯，使美國女士，能領會圓宗，亦勝緣也。

民國四十年辛卯，師一百一十二歲。春戒期中，雲門事變。師被共匪索金、毒打，死而復活者數次，三月初三日，病重時，即趺坐入定，惟侍者法雲、寬純日夜侍之，端坐歷九日。三月十一日早，漸躺下，作吉祥臥，侍者以燈草試鼻官，氣已絕矣。診左右脈，亦已停矣，惟顏色如常，體尚溫。十二日早，微聞呻吟，旋開目。侍者告以時間。師曰：「我覺才數分鐘耳。」語侍者法雲曰：「速執筆為我記之，勿輕與人說，啟疑謗也。」師從容言曰：「余頃夢至兜率內院，莊嚴瑰麗，非世間有，見彌勒菩薩，在座上說法，聽者至眾。余合掌致敬，聽講唯心識定。未竟，彌勒指余謂曰：「你回去！」余曰：「弟子業障深重，不願回去了。」彌勒曰：「你業緣未了，必須回去，以後再來。」並示以偈，詳如年譜。夫甚深禪定境界，苦樂具捐。昔憨山紫柏受嚴刑時，亦同此境，此非未證悟者所能代說也。行凶各人，目睹師行奇特，疑畏漸生。問僧曰：「為什麼老傢伙打不死的？」答曰：「老和尚為眾生受苦，為你們消災，打不死的，久後自知。」其人悚然。而所有糧食衣物，大都掠奪去。五月上旬，北京派專員數人至，會同省廣東省偽政府人員，抵雲門，實地調查。先慰問師，法體安否？師不欲有所說。又問曾受虐待否？財物有損失否？師均言無。各員再三安慰。將先所拘之僧人釋放。計雲門寺自夏曆二月二十四日起，至五月二十三月止，始脫苦境。時靈源在香港大嶼山，聞之痛心。

民國四十一年，師一百一十三歲。病稍癒，日領眾安禪行道，收拾殘局，北京四次電粵，請師北行，並派員南來護送。師告大眾。均主緩行。師曰：「時機至矣，今日全國僧伽，各兢兢自守，乏人提領，如一盤散沙，倘不團結，成立一有力量機構，其事變恐不止一雲門也。我為佛法故，義當北行。」乃選寺中老成者護院。安眾已定。四月初四日，師偕侍者佛源覺民等，及護送人員，起程北上。各鄉村民眾，一時奔走。追送者數百人。韶州人士，及皈依弟子聞師至。郊迎十里者逾千人。住大鑑寺。每日來參禮者，途為之塞。初十日，附粵漢車北行。十一日，到武昌，住三佛寺。沿途勞頓，楚瘡毒發，陳真如居士，為照料醫藥，殷勤備至。病稍癒。該寺住持大鑫和尚，請主觀音七，皈依者二千餘人。七月二十八日，由護送人員陪伴，師及侍者等附京漢車北行，抵京時，諸山長老及居士林等各團體到站迎接，送至廣化寺駐錫。後以參謁人多，移住廣濟寺。師與當道往還，以湘省同鄉，滇南舊雨，夙有因緣，故對於護法事堪稱便利。時已由圓瑛法師等在廣濟寺成立中國佛教協會籌備處，全國佛教代表百餘人出度，擬舉師為會長，師以老病辭。乃舉圓瑛法師為正會長。喜饒嘉措、趙樸初等為副會長。而推選達賴喇嘛、班禪、額爾德尼及師查幹葛根四人，為名譽會長。代表中包括漢藏蒙泰撒各大民族。佛協成立，各地佛徒有所聯繫，並定明年春間舉行正式成立典禮。師上書政府，請頒布共同綱領，規定人民有宗教信仰之自由，速定對於佛教寺院之保存，及管理辦法，目前急於救援施行者。1. 無論何地不許再拆寺院，毀像焚經。2. 不許強逼僧尼還俗。3. 寺產收歸公有後，仍應按僧配給田畝若干，使僧人得自行耕種，或扶助其生產事業。當道許之，僧尼賴安。

十月，東南人士在上海發起祝願世界和平法會，眾議請師主法，派方子藩等來京迎迓，師於公曆十二月十一日抵上海北站，執旗獻花者百餘人，齊聲念佛。在站候車者千數百人。初則鼓掌歡迎，繼則同聲念佛。頓化娑婆為極樂。師住玉佛寺，與法會主事者商定，為期四十九天，自農曆十二月十六日，啟建水陸道場，由師主持：請圓瑛、應慈、靜權、持松、妙真、大悲、如山、守培、清定、葦舫、十大法師，蒞會主各經壇。修持法師共七十二人。至十二月十四日圓滿。在會期間，除入壇主法外，早晚來參謁者，如潮湧至，皈依者四萬餘人。收入淨資陸億七千六百餘萬，支出三億餘萬，師所收入之果金等，盡撥交法會中，絲毫不取。師與諸大法師，及各居士商定，盡撥送四大名山，及全國大小寺院，二百五十六處供養。

民國四十二年，師一百一十四歲。擬離滬，緇素人士，以勝會難逢，留師繼續舉行禪七，因玉佛寺向有禪堂，宜應良機，重興禪制。乃由葦舫和尚，及簡玉階、方子藩、張子廉等各居士。一再請求，舉行禪七。慈悲法施，以滿眾願。師許之。定於正月初九起七，至十五日圓滿。眾猶以為未飫法味，請繼續一禪七，復由正月十六日起次七，至二十三日圓滿。師均有法語開示。附錄在《年譜》中。

玉佛寺解七後，杭州各機關及佛教團體，派杜偉居士來滬，請師往杭州，師於二月十九至杭州，住淨慈寺，主法會。皈依者數千人。當道擬留師主持靈隱寺，師以老病辭。嗣蘇州靈岩山妙真和尚、無礙法師等，請師赴蘇州建法會，師遂往蘇。法會畢，遊虎邱，禮紹隆祖塔。見塔院已為豪貴所奪，石塔碑銘無存，一片瓦礫。師於光緒年間曾至此禮祖塔，一切景象，記憶猶存。發瓦石，得故址。乃商之當地士紳，及滬上諸大護法，捐款重建。請妙真和尚及虎邱楚光和尚董其事，期月而成。又應南通各居士請，至狼山主法會，各地皈依者均數千人。事畢回滬。四月師接北京電，促進京，仍住廣濟寺。各地僧伽代表，亦相繼至。中國佛教協會正式成立，大會議決各要案後，師赴山西大同，參禮雲岡大石佛。旋請假離京，當道勸往廬山養病。師於五月間南行，過武漢少住，保通寺住持源成喜師至。請師主禪七兩期，圓滿，即取道廬山。以陳真如居士，已先在廬山相候也，住大林寺。六月，有僧自雲居山來。為師言：「日本寇中原時，以雲居山險峻，易藏游兵，遂將真如寺全燬。」今只見毘盧遮那大銅佛，兀坐於荒山蔓草中耳，師惻然傷之。念雲居自唐代元和年開山，歷代祖師最勝道場，零落至此，倘不重修，將湮沒矣。遂發願重修，先請准當道，往雲居結茅，居士祝華平等願相伴送，就遂於七月初五日入雲居山。

雲居山，在廬山之東，屬永修縣轄。層巒叠巘，望若插霄，及躡頂登山，復為平地。群峰環抱，天然城廓，田園陂澤，雞犬白雲，其殿堂樓閣，歷代勅建，髹彤絢爛，琳碧精熒，此唐宋最盛時期也。九月，粵桓弟子比丘尼數人，聞師已至雲居，尋踪往視，舟車水陸，半月乃達。沿西路登山，削壁插天，盤山二十餘里，始達石門，豁然開朗。及抵寺，第見斷垣殘壁，瓦礫荒榛，遇一禪人，問老和尚何在？禪人指示之，則一牛棚也，蔓草支離，積以成壁。躬身而入，乍不見人，立稍定，乃見師坐木板榻上，如入定狀。旋開目視之曰：「你們何苦！」各述悃忱。師曰：「我初來此，只有僧四人，本欲結茅同居，不意衲子聞風踵至，不一月已近五十人，牛棚以外，僅有破屋數椽，你們已看到了，既來之，且奉屈少住數日可爾。」十月後，各方僧人日益至，食宿兩餐，幸得上海簡玉階居士施資，以度殘冬。師於此時，籌畫開荒，及修建殿宇等事。

民國四十三年甲午，師一百一十五歲。先計畫改造大殿，以毘盧遮那大銅佛，高尋丈，為明代萬曆年間，聖慈皇太后滲金鑄造，舊日殿瓦，以鐵為之。因山高風勁，泥瓦則易飄搖也。今欲建殿，應先鑄造鐵瓦，乃集眾僧，且鑪錘自鑄之，又鑄千僧鍋四口大銅鐘二口，是時緇素雲集，已過百人。百工具備，國內外僧俗道友聞訊，時施助淨資，有人有土有財，事易舉矣。師遂分僧眾為二部，能土木工程，修造殿堂者為一部，開墾種植，藝茶竹工又為一部。眾皆踴躍從事，是夏六月，首建成法堂一幢，上為藏經樓，置《磧砂》、《頻伽》各一藏。開墾部分，亦開成禾田六十畝，種田博飯，儼然百丈風規，是年北京屢有電至，聘師北行，均以老病辭。

民國四十四年，師一百一十六歲。春，建造堂宇，日益增加，香積廚、五觀堂、庫房、客室、禪堂等處，陸續告成。是冬傳戒畢，起禪七一期。

民國四十五年，師一百一十七歲，師興建雲居山大殿、天王殿、虛懷樓、雲海樓、鐘鼓樓，及各殿房舍，次第落成。其規模與鼓山、南華、雲棲相似，其莊嚴亦與南華稱伯仲也。師自癸巳年入山僅及三載，佛國樓台重新湧現，即復唐宋舊觀。此固師之道德，足以感動龍天，而眾緣成就，實有不可思議者。

民國四十六年，師一百一十八歲。春，應吳寬性居士修路之請，自去冬興工，由張公渡方面上山之路，寬六尺，長十八華里，險峻逶迤，峭峰力則。兩山中間，風瀑中流，重架虹橋，乃能飛渡。其中有龍王橋、乘雲橋、雲蔭橋、黿水站等處。於秋間竣工，師於沿途大石上，刻有「趙州關」、「飛虹橋」，各大字，以存古蹟，並鐫紀事，及偈語曰：

尋到雲居山外山，宛如鷲嶺在塵寰，
高山平地逍遙外，傑閣崇樓俯仰間，
去住隨緣無罣礙，安貧樂道老僧閒，
欲向其中問端的，前三三與後三三。
四海名賢譽此間，天上雲居山上山，
水月道場今古夢，佛魔境界亂離看，
千尋崖岸輕易過，五濁娑婆解脫難，
潦倒殘年百歲外，草鞋猶踏趙州關。

六月（地產充公），偽政府農林機關，以雲居寺僧開闢荒山荒地，甚有可觀，乃推翻癸巳年批准設立僧伽農場成案，將寺僧開好的山場山地，茶果樹木，盡畫入地方墾場。另派人來寺接替耕種。寺中職事，以僧伽農場立案有年，農作有效。呈請偽政府照舊由寺管理。七呈不准。及後，將師所住之牛棚，亦圈入之。令師刻日遷出。條件如下：

1. 勸師捐獻墾場，並開辦費人民幣貳萬元（約港幣五萬元）。

2. 響應偽政府召集全民煉鋼，獻出燒成木炭六萬餘斤，及砍下山柴三十八萬餘斤。獻出寺內鑄鐘、鑄瓦銅鐵材料數千斤。

3. 各方弟子所奉師之果金，及醫藥費等，人民幣五萬元，合港幣十餘萬元。亦要完全獻出。為支援煉鋼用。

4. 雲居山下各鄉村之稻田，要求寺中派出僧人幫助收種。

如此不擇手段，種種剝削虐待，不能盡述。師之環境困苦如此。心境可想也。

民國四十七年戊戌，師一百一十九歲。春時，全國肅清右派之風甚厲，各寺院亦被波及，誣捏師有十大罪。如「貪污」、「反動」、「聚眾」、「思想錯誤」、「濫傳戒法」。又謂師妄報年齡，加以「老頑固」、「僧界右派首要」各罪名，編貼大字壁報。師若無其事。

民國四十八年己亥，師一百二十歲。恰與趙州同年。各方擬定為師祝壽。前後接到電函，師皆制止之。三月由詹勵吾居士捐港幣五萬元，建成海會塔。時師病況日深。七月間，師生辰將近，諸山長老及弟子等多人，入山慶祝，並視師疾。師覺精神稍為健旺，將一切所有分配完畢，又為大眾開示云：「明白時，生也好，死也好，男也好，女也好，無有生死男女及一切諸相。不明白時則不然，須知世間法相，皆屬幻化，如空中華，如水中月，無有真實。惟有一心念佛，為往生資糧。」九月十二日午時，師命撤退佛龕，供奉在別室中，侍者知師有異，急往報方丈海燈法師，及三寮職事。是晚齊集，向師問安，請為法長住。師曰：「事到如今，還做俗態，請派人為我在大殿念佛。」眾請師做最後開示。師曰：「勤修戒定慧，息滅貪瞋癡。」

九月十三日晨，侍者二人，進入室中，見師趺坐如常，惟雙頰微紅，不敢驚動，退出戶外守候。十二時，在窗外窺見師起坐，自取水飲，侍者以師久病之身，恐其傾跌，即推門入，師乃就坐。徐告侍者曰：「我頃在睡夢中，見一牛踏斷佛印橋石。又見碧溪水斷流。」遂閉目不語。至十二時半，師喚侍者，一齊進來，舉目遍視曰：「你們侍我有年，辛勞可感，從前的事不必說了，我近十年來，含辛茹苦，日在危疑震撼中，受謗受屈，我都甘心，只想為國內保存佛祖道場，為寺院守祖德清規，為一般出家人保存此一領大衣；即此一領大衣，是我拚命爭回的。你們各人，今日皆為我入室弟子，是知道經過的。你們此後，如有把茅蓋頭，或應住四方，須堅持保守此一領大衣；但如何能夠永久保守呢？只有一字，曰「戒」。說畢，合掌道「珍重」！諸人含淚而退。至室外簷下守候。至一時四十五分，侍者二人入視，見師右脅做吉祥臥，示寂矣。急往報住持及大眾，齊集誦經送行，日夜輪流念佛。十八日封龕。十九日荼毘。香氣四溢。舉火後，白煙滾滾向上衝。開窰時，得五色舍利百餘粒，小者無數，晶瑩光潔。二十一日將骨火奉安，入雲居山海會塔中。師世壽一百二十歲。僧臘一百零一歲。

我親近慈舟老法師的經過

我出家後，很僥倖地遇到三位善知識：一是虛雲老和尚，二是慈舟老法師，三是應慈老法師。現在因慈舟老法師的圓寂，不禁令我緬憶起我親近他老的過去。

話從我自己說起：我原籍是浙江臨海，自幼多病多災，出世不到週歲，就在頭頸上長了一個大毒瘡，弄得醫生束手無策百藥罔效，不是我母親去祈禱觀世音菩薩，我是不能得救的。十三歲的時候，我發生了痘症，幾經寒熱之後，生起滿身的天花（臨海俗語出牛痘曰開天花）初如番米（即玉蜀黍）相似，繼則全體潰爛流濃，苦不可言。痘瘡癒後，全身如反面的石榴皮相似，白胖的我變成了一個黑而又醜的麻子。入學讀書，同學們笑我道：「麻面麻屁股，上山打老虎，老虎打不倒，大糞吃個飽。」真令我氣煞！十六歲在回浦小學畢業，考入浙江第六中學借得一部《楞嚴經》，課餘閱讀不覺得意之際，手不擇卷而至忘了正課，相繼自己抄寫了一部，視作珍寶似地看待。不久滿面的麻皮不覺全退。到十八歲時人們已不知道我原來是個麻子。

二十五歲時我逃往天台山出家，為父偵知追回。及到三十一歲，自己覺得實在不能再居家中，乃潛逃往福州鼓山湧泉寺出家。得遇上虛下雲老和尚，為我剃度，收作徒孫。彼時初聞慈舟老法師之名，尚未見到其人，一日在寺中看到一位穿破衣服，自持針線慢慢縫補的老修行，我請教他蘇州靈岩山慈舟老法師，聽說來此講經，不知是哪一位呢？他說：「慈舟即是我的名字。」我當時驚駭非常！怎麼鼎鼎大名的講經老法師，這樣苦惱得與叫化子相似。楞了半天，不知道如何是好。因那時初出家不知道頂禮，也就這樣糊里糊塗地站著。來了一位禪堂的香燈師對我說，人窮道不窮，不得以外表視人，這位是老和尚（指虛雲和尚）請他來在戒期中講《梵網經》的慈舟老法師，他是前清的秀才，學問好得很，講經講得非常透徹，你不要看輕了他老人家。從此我才認得這位老修行，即是慈舟老法師。

當時鼓山常住上曾有御賜《大藏經》三藏，即清版藏經、明版藏經、宋版藏經，清版、明版都全，唯宋版破碎不全，慈舟老法師閱藏看到即告老和尚，遂即召集幾位能寫書的人，每日在方丈聖箭堂內抄補。我過去因書法馬虎過得去，故能天天跟著老法師抄寫。老法師曾對我們說：「補經即是補心，心誠即是道。你們要細心修補，正字抄寫，不可草率。」這種因抄寫藏經，而得親近了老法師，數月的受教實在得益不少。是冬禪七，又得老法師種種開示，他老要我們初發心的人，不會參話頭，還是一心地念佛，先從念佛，念得一心不亂，話頭漸漸自在其中。

民國二十二年春期，常住上請應慈老法師開講《梵網經》上、下卷，為我羯磨和尚，請慈舟老法師為教授和尚，當時慈老再三不肯，乃請金山上遐下明首座為教授，遐明首座和尚亦禪宗一大善知識。我受具足戒後即住禪堂。時鼓山學戒堂的心道法師，以他處弘法因緣離去，老和尚即敦請慈老法師主持教育改名為法界學院，以華嚴為宗，心道法師主講，每月常住供養四十八元，今請老法師應當加倍。但老法師再三推辭云：「出家人怎能用得這許多錢，本來我辦學是不要錢的，既承常住客氣，每月免領十二元足矣。」這真是世間奇事，不到三十歲的心道法師主講每月四十八元，近六十歲的老法師主講，只要四分之一，不如做粗工的人賺錢多，真是太少了。

老法師講了一年經，零用外積得五十多元。對我們說：「做學生的很苦，沒有錢用，我與各位同學結個小緣，每人平分一元。」這真是財法二施，一點貪心都沒有，世間上的人恐再找不到第二個了。但是他的管教卻非常嚴厲，小座複講講不出來，馬上就要罰跪，我是罰過跪的學生，說起來真是慚愧！而且他領大家過午不食，即是下午送來供眾的西瓜水果，也都要等到明天早上才能吃。華嚴七時，同學們太辛苦了，晚上吃一小碗豆漿，要互相依律說淨。《四分戒本》他老講了又講，我於三年中聽了兩次。這樣精明實修的親教師，卻於今年彌陀聖誕日示寂了，全世界中再也找不到第二個這樣懇切教導我們的慈悲善知識，思之不勝悲痛之至！

應慈老法師事略

親教和尚上應下慈老法師，生於同治十二年癸酉二月初五日，俗姓余氏，排行第四，上有三兄，祖籍安徽歙縣，生於江蘇東台縣安豐鎮。世業鹽商，以遭親屬亡歿之苦，發心出家學佛，朝普陀山，遇南京三聖庵明性老和尚，禮求剃度，光緒二十六年，師年二十八歲，受具足戒於寧波天童寺八指頭陀敬安老和尚座下。

光緒二十九年赴常州天寧寺親近治開老和尚學禪有悟，傳法受記，法名顯親。從法兄月霞法師學《華嚴》，辦佛學院，刊刻講演三譯《華嚴》，五十餘年而不倦。校刊《華嚴經疏鈔》，刊印貞元經疏，《探玄記》、《搜玄記》二記，及華嚴宗著述。

教弘賢首，禪參南宗，教觀並重，定慧雙修；大陸政權轉換時，猶講《華嚴》於京滬二地。不惜為法亡軀，誠華嚴菩薩再來也。時不待人，今圓寂矣。世壽九十三歲，時民國五十四年乙巳八月也。悲感莫窮，人天雨淚。

民國六十一年（一九七二年）雙十節

靈源謹寫於基隆十方大覺禪寺

惠光老法師與我的認識

時當末法，人心思亂，中日戰爭方歇，又大鬧戰亂，一波未平，一波又起，終無已時。民國三十六年春，余自上海至南華，趕上戒期。民國三十七年住雲門，開山挑土。三十八年奉師公上虛下雲老和尚命，代南華寺住持。

時戰火已熾，國軍紛紛南退，清淨殿宇，半為營房，門窗板壁，拆之殆盡。國軍撤退之後，民心隨即叛變，各鄉村的土共，爭來借糧，數百石倉穀，都完全擔去。南華佛學院於此解散，南華小學亦繼之停課。迨共黨正規軍來到，土共繳械，停止活動，人民暫獲平安。此為兩黨三頭主義之一的第一「點頭」主義。繼而第二「搖頭」主義，為人民常常碰釘子，被壓迫。第三「殺頭」主義，則為清算人民財產，加以鬥爭屠殺。余於此時即推讓住持職，由師公委本煥和尚擔任。遂於民國三十九年春期，南善傳戒圓滿後，赴廣州，在六榕寺住月餘，再由澳門轉香港。六月間安住大嶼山寶蓮寺。當余於四月八月戒期圓滿後離南華，適惠光老法師由南嶽至南華，兩相錯過，尚慳於一面之緣。

是年南華冬季禪七之後，住持本煥和尚與監院惟因法師，皆遭清算，被拘在牢，惠老則奔赴廣州，由深圳脫險，乘汽車安抵九龍，在東普陀寺掛褡。民國四十年正月，又自東普陀來大嶼山，與余第一次見面，聞說他老人家從南華寺來，余於是特別親近，得悉住持監院都被拘禁，深感憤恨。自幸逃避及時，未遭其毒手。但余對惠老係初見，尚乏真切的認識。

是年冬，法林寺住持復仁老和尚，係南華寺退居，禪功素著，利人心切，寺宇雖小，發起禪七度人。並請名山長老、禪宗大德、共暢禪旨。如前長春極樂寺禪定老和尚，前福州鼓山堂主明觀老和尚（是源的尊證阿闍黎），皆應請而至；時惠老又自東普陀來，隨眾參加，坐余之前，同為班首堂主之列。每日坐十二支香，行十二支香，隨後都有深切的開示。同堂人數，約近半百，一七之後，又加一七，人人都發大心精進。每日三餐加點心小食，初由居士發心常住供養，後由參加僧眾，各自量力解囊，每七圓滿，都不忍解散，乃至打七過年，分為九個七，共為六十三日，此種盛況，不易多得。余每聞惠老開示，覺得津津有味，乃請其記錄所講法要，集成六萬餘言之《禪宗講錄》。時惠老六十四歲，靈源五十歲，彼此都有相見恨晚之感。

民國四十三年一月，余由南懷瑾、魯寬緣二居士發起申請來臺，商同基隆佛教講堂住持普觀法師出名。到臺後半年，於六月間，建立十方大覺寺於基隆康樂嶺。惠老卻於是年在香港荃灣東普陀寺近邊建成關房，於彌陀誕日入關，專修禪功，於民國四十五年冬，曾入定五日夜，護關人以為有病，前後敲門，甚久，師聞聲出定云：「獨塌大方心外無境，坐脫兩頭不無修證，片雪紅爐身遊白刃，無背無胸誰肯實信。」自此時刻都在寂照中。民國四十六年彌陀佛誕，滿足三年，共一千一百二十三天出關。封關與開關，皆由東普陀住持茂峰老法師主持。惠老於此三年中，直透三關，解脫生死。余聞之景仰殊殷，一心尊敬。因於民國四十七年春，函請來臺，廣度有緣。

民國四十七年八月八日，惠老自香港乘船來臺，余率眾至碼頭迎接，檢查畢回寺午餐，休息未幾，即請示法要。翌晨掛牌，禮請為本寺首座和尚。是冬禪七，又請為主七和尚，余自做維那，蓋藉以償其弘法利生之大願。

民國四十八年己亥九月十三日子時，我師公圓寂於江西雲居山，各處聞訊追悼，本寺發起募造紀念堂及塑法像，當得諸同道響應，於民國四十九年秋落成。九月十三日為一週年忌辰，並舉行紀念堂落成暨師公法像開光典禮。敦請惠光老法師說法，語曰：

雲公降世，大事因緣，生於泉州，籍原湘鄉。少小超凡，成年出家，名山遍禮，中外訪參。高旻徹悟，苦行空前，雪飲風餐，忍辱第一。浮沉任運，受難頗多，行菩薩道，為佛祖光。終南雞足，鼓山寶林，雲門雲居，無始無終。己亥三秋，與世長辭，風動大陸，遐邇追思。舍利均瞻，香花供養，剃度法眷，寶島最旺。紀念堂成，法像開光，人人獲福，個個蒙休。雲公遍體光明，大眾各具本光。若人見公遺像，乃至聞公名號，同發菩薩心，共入大覺海。畢竟開光二字，又作麼生會？

曹溪一水分千派，耀古爍今無罣礙，
獅王哮吼出窟來，光明寂照河沙界。

民國五十年後，惠老先在南港受聘為佛法禪寺住持。民國五十一年至屏東弘法，建鐵爐精舍足跡遍遊南北，弘法度生無量。將近八十之老僧，行履素健。民國五十五年夏，尚至臺北及南港佛法禪寺。曾來函云：「印度悟謙法師來臺，將訪十方大覺寺，囑預備歡迎。」不期是秋即遭病魔。民國五十六年春正，尚做八十壽辰，並說法收皈依弟子。至四月初旬，即預知住世不久，化緣將終，召其門人，咐囑未完成之鐵爐禪寺，及其著作等，勉承遺志，延至四月十五日示寂。在此時間，適本寺忙於水陸道場，余愧無暇抽身前往握手送別，至今猶以為遺憾！

善歸法師追悼紀實

民國六十三年六月三日（甲寅閏四月十三日）為基隆十方大覺禪寺圓寂之西堂善歸法師，三七超薦，開追悼會之期，八點鐘，先由本寺諸師十餘人，集合同誦《地藏經》，十點鐘後，開追悼會，送來輓聯。

先有靈源一聯云：「六七歲中即歸去放下閻浮生極樂，三十年間久來往提起前情太悲傷。」

次治喪委員會聯云：「二十年在本寺艱苦備嘗宿願眾緣今已了，剎那頃都放下脫塵離垢歸心極樂證無生。」

再有十方大覺寺大眾聯云：「清志在修行莊嚴共仰，幻身終解脫德行可風。」

再有自臺中來的師之胞妹江國琴偕夫陳貞龍率子女等聯云：「憶四十年前兄入佛門妹嫁夫婿僧俗殊途難長敘，忽六七齡後師歸道山我牽子女姪甥共吊更悲傷。」

再有海印寺仁化法師聯云：「兩寺善相鄰多載求益沾厚德，人天悲永訣四眾僧俗弔高賢。」

又宗固竹妙法師聯云：「幾載同堂咏誦參修緣何遽爾竟去，日今社下香沉榻冷惟望乘願再來。」

馮永禎老居士聯云：「善於度群倫護教有功人天敬，歸真登極樂菩提證果佛道成。」

呂懷賓老居士聯云：「善與人同佛門課誦為根本，歸無所得忍辱柔和是妙方。」

師弟胡善康居士聯云：「昔年武院漢會共依雲水生涯原是夢，此日夷洲禪林示寂空花鏡月倘重來。」

又印度黃梅侗居士聯云：「善自清淨無罣無礙，歸絕往來不滅不生。」

橫額先有白聖法師「蓬島歸真」，道安法師「菩提證果」，基隆佛教蓮社「駕返道山」，漢口佛教正信會旅臺同仁「善果永歸」，鄧惠芳「果證菩提」，鄭阿志「往生極樂」。

又陳顯國居士作讚云：「西堂善歸，南洋披剃，侍太虛大歸海外滯，持戒原始制，六七善逝，檀越蒙嘉惠。南無度人師菩薩。」

參加大會本寺法師有三十多人，外來法師有樂觀、祥雲、德榮、明道、達航、仁化法師等，尼眾有常智、見慧、見法等。居士有自臺中來的善歸法師妹夫陳貞龍、胞妹江國琴、師弟胡善康，本寺有袁香鳳、唐文定、丁仁英、官智鳳等女居士。大眾列序後，由祥雲法師司儀，靈源主祭，樂觀陪祭，香讚默禱之後，先讀治喪委員會祭文曰：

維民國六十三年六月三日，治喪委員會主任委員靈源，副主任委員樂觀、慈瑞暨全體委員，謹以香花水果敬獻於善歸法師之覺靈前曰：

嗚呼法師，尊稱善歸，本姓江氏，籍隸武昌，十三因病，皈依佛門，太虛侍者，高師而成，湛見本性，潛發多聞，經論律儀，無所不通，修學異邦，印度南洋，安住無畏，慧念息想，大陸法滅，輾轉臺疆，大覺安住，默而心降，無人無我，一心道場，恆順佛事，叢林榜樣，名利無迹，生活日常，行無前後，品冠群倫，忽爾小疾，遽捨報身，僧俗涕辭，淚灑長空，嗚呼尚饗。

再讀舊交靈源致祭於故友善歸法師之靈曰：

恭維故友，交情素厚，三十餘年，互相愛護。初見浙杭，次在海上，神同道合，志氣相投。師之所學，太虛門下，先遊緬懷，次返國內。南傳巴利，戒律精嚴。大陸陷共，同在香江。我住嶼山，師在島上。自造茅蓬，托缽度生。自造香積，曾請我齋。及我來臺，自興大覺，號稱十方，不願自私。召師同來，共護十方。一切忍耐，維護道場。殿堂佛事，一切不辭，今日西去，能不悲傷？屈待多年，自慚無德。唯師原佑，勿責我愚。我之無能，處境如是。師之精神，一向壯健，云何今年，忽遭絕症，送醫無效，即此歸去，早見彌陀，乘願再來，度盡娑婆，五濁惡世，共成佛道，同歸真際。嗚呼尚饗。

讀完祭文之後，再由樂觀老法師報告善歸法師出家學佛事略：

謂師係湖北武昌人氏，民國十年時年十五歲，在漢口皈依太虛大師，後即隨侍大師，於武昌佛學院受在家菩薩戒。民國十五年隨侍大師到新加坡弘法。當時大師鑒於南洋幾個佛教國家，比丘著重戒律生活，值得觀摩，乃商得胡文虎之同意，派善歸法師到緬甸修學，由胡文虎送到仰光緬甸第六寺，從麥梭影寺佛教國師字班底沙大師出家，正式受沙彌比丘戒。然後進入瓦城佛教學校修業，凡經十年，其對巴利佛典研究深有心得，曾經過教育部考試兩次，正當再求深造之時，不料中日戰爭發生，虛大師乃召其回國。武漢淪陷後，隱居漢口佛教正信會八年，迨日軍投降，大師回漢，又命善歸法師去西安康寄遙所辦之「巴利三藏學院」任教，卻不標榜他是佛教學者。兩年後師輾轉去到廣東親近虛雲老和尚，頗得虛老器重，時明觀老和尚在南華，受（我師公）虛老和尚派往廣州六榕寺住持，乃隨明公至六榕寺為監院，後改任知客。民國三十八年廣州淪陷，冒險逃至香港，後來基隆，為本寺堂主兼副寺，轉昇西堂。師童真入道，常修梵行，不事攀緣，不求名聞，為虛大師門下專重佛法修持之第一人，遽然圓寂，人多惜之。

報告畢，上供迴向午齋。下午諸師繼續誦《地藏經》，晚設放瑜伽焰口。都由其妹江國琴及妹夫陳貞龍跪拜。

對四眾佛子的法語、輓聯

一、法語

（一）為見性比丘封關說法

夫修行學道，是大丈夫事，大英雄事，要吃一番大苦，方有成就。本師釋迦牟尼佛，雪山六年苦行，以致鵲巢其頂，蘆穿其膝。高峰妙禪師，立關三年，不沾床欖。道宣律師，行般舟三昧，一十八次，感得天人送供。

佛祖尚且如是，況吾輩後學，應當受得苦中苦，方為人上人。今者比丘見性，發心閉關，禮拜焚修，可謂有志於道，直須放下身心，無間無雜，咬定牙關，了此妄想，以佛祖為規模，不得懶惰懈怠，睡眠蹤意，自有得大自在之一日。否則，虛受信施，今生不了道，披毛戴角還也。卓杖云：「閉關本管窗前月，分付梅花自主張。封！」

（二）為本際老法師封龕說法

幻化空身，既有來便有去。本來面目，原無滅亦無生。要知生滅去來本如來藏妙本如性，來既無礙，去亦無妨。盡大地都是寂滅道場，何處更有來去蹤跡？生亦如也，死亦如也，所以在在處處，無非寂光淨土，生生死死都是自心做夢，一念夢覺，究竟證得。自性彌陀，法身常住。

恭維本際上人，安徽桐城龍氏之裔，生於光緒十年臘月初二日，十二歲即能屬文吟詠，中年就職於政學界中，足跡遍蘇、浙、湘、鄂、秦、魯、蜀、冀、豫各省，耽樂佛法，每至一地，輒往名山伽藍參拜。

曾遊峨嵋，見普賢大士顯相空中，登勞山發願復興海印寺，壬辰冬禮南亭法師披剃，受具足戒於大仙寺。惟以勞山，遠隔大海，復興海印之願，無法實地實現，爰就基隆靈源山上，重興此寺，以償宿願。只以寺務紛繁，心力交瘁，遂於農曆七月十八日子夜，安詳示寂。

綜觀上人生前事略，其詩文並茂，入佛寖深，為儒佛雙修之長老，亦願行並進之高僧。且道只今老和尚向什麼處安身立命，取封條云：

三毒界內留朽骨，七珍池上禮金仙。封！

舉火法語：

三界無安，猶如火宅，即今我在火宅居，你在火屋坐，拈來一智火，燒卻你與我，一道白毫光，超出情愛鎖，生佛皆平等，何來佛與魔？解脫得自在，紅蓮飛朵朵。燒！

（三）為知生徒起棺及舉火說法

不生不滅，乃諸佛不動之真如；無去無來，是眾生本來之自性。一漚含海水之全體，六如現空花之幻身，塵勞暫息，方知物我同一如，凡聖同歸，要識生死之不二，打破瓶盆歸大海，頓開關鎖返家鄉，汝今放下一切，起棺送爾西方去也。

舉火為知生徒火葬說法：

汝今此生因緣盡，棄卻舊體另換新，今日送汝西方去，他年乘願再回程，我今舉起三昧火，焚去你的六情根，本來面目從此現，炯炯火內證金身。

民國六十五年（一九七六年）年九月二十七日

二、輓聯

致　道安老法師寂滅：

由戒而定為教授為羯磨，長坐已多年，弟子無量，數正希重振宗風，何堪忽爾見師歸去，忍令此間信眾皆擦淚。

憶師與我自香港而臺灣，交情近卅載，衷心互相照，惟願同與祖道，奚料今日功圓果滿，即於祝壽之後見彌陀。

致　本際老法師寂滅：

繼志憨山海印竟成三昧境
往生淨土靈巖曾作一心觀

致　隆泉同學長寂滅：

憶同學十數年觀摩教誡剎說塵說共仰碩德
慨別離一剎那云歸極樂千家萬家各慕音容

致　慧峰法師寂滅：

乘願行以化物四十年出廣長舌盡三慧六慧
畢大事而涅槃一念頃橫擔柱杖向千峰萬峰

致　善歸法師寂滅：

六七歲中即歸去放下閻浮生極樂
三十年間久來往提起前情太悲傷
二十年在本寺艱苦備嘗宿願眾緣今已了
剎那頃都放下脫塵離垢歸心極樂證無生
憶四十年前兄入佛門妹嫁夫婿僧俗殊途難長敘
忽六七齡後師歸道山我牽子女姪甥共弔更悲傷
（師之胞妹江國琴偕夫婿陳貞龍率子女等聯云）

致　宗心法師（林錦東）寂滅：

清志在經營創造新覺生悲天憫人碩德豐功留大地
幻身終寂滅弘揚舊道德即俗而僧素衣緇子痛中天

致　天乙法師寂滅：

清志終不懈領導尼眾持戒修行功不朽
幻身今解脫重興梵剎立功未竟願再來

致　蔡母簡太夫人西歸：

欽賢母喜捨為懷福壽全歸暫現婦女居士而說法
羨德門樂善助人芝蘭競秀必隨觀音勢至證圓通

致　馮永禎居士往生西方：

淨心行善安靖地方獻身黨國歸命正宗生極樂
捨身布施支援國軍粉碎日寇今日果滿見如來

致　丁俊生居士往生西方：

改進監察制度端正人心於平凡中見其偉大
整飭社會風氣弘揚教理在命終時當入蓮胎

致　趙積德居士往生西方：

念今生為我治病送藥僅有數月都自前來甚感
恨無常如是迅速召人忽爾前日即聞歸去痛哉

兒時童歌及故事

靈源年近八十，頭昏眼花，兩足風濕，久未出外，想起兒時學語，我的母親，我的祖母，教我的話，尚未忘記，寫出以供大眾，亦可以教諸兒童，及小寶寶，念念！唱唱！

其一：此是母親教我的。

教你曲，教你歌，教你劈篾做淘籮。教你牽牛（心）過大海（生死大海），教你一心念彌陀，教你了得生死苦，教你念念出娑婆，花開見佛悟無生，再來娑婆度眾生。眾生度盡方成佛，地獄未空誓不休。

南無大悲觀世音菩薩！

南無大願地藏王菩薩！

其二：此是我在五歲時，我祖母教我念的。

燕阿燕，飛過店。店門關，飛過山。山頭白，好種麥。麥頭搖，飛過橋。橋上打花鼓，橋下娶新婦。取得媳婦包麥果。麥果碎，餵小妹。小妹幾時嫁，嫁鄰舍。鄰舍窮，嫁竹筒。竹筒兩頭空，嫁相公。相公紅奶奶，嫁田蟹。田蟹八隻腳，嫁小生。小生勿做戲，嫁喜鵲。喜鵲不會飛，嫁公雞。公雞不啼更，嫁皇帝。皇帝治國闖大禍，嫁給我，我無辯，嫁給黃蒲鱔。黃蒲鱔不會打洞，嫁與爛眼鳳。爛眼鳳雙眼爛糟糟，嫁給貓。貓不會捉老鼠，一棒打給死。完了！

我八歲時，祖父為我說故事。說的從前有一個兒童，年才八歲，父母雙亡，依叔嬸母度日，入館讀書，有一日放學回來，看見嬸母大哭大叫。兒問嬸嬸，為什麼哭呢？嬸嬸說：「我們一家，全靠你叔叔種田度日，因欠縣中錢糧，無法完稅，今由皂吏捉到縣裡去了，叫我如何生活啊？」兒說：「我去叫他回來。」就跑到縣衙中擊起大鼓來，大喊冤枉！縣吏一看，是一個兒童，大喊：「小兒無知，為何擊鼓？」兒說：「我要告你。」皂吏拉他去見縣官。知此兒是為叔父喊冤。縣官說：「你叔父欠糧不完，應受法辦。你既是讀書放學回來，我出一聯，你若對得上，我就放你叔父。上聯云：『山石岩頭枯古木，此木為柴（喻其叔父之窮應當捉來拷打）。』兒立刻答云：『土也地面種重禾，兌禾完稅。』縣官一看大悅，放出他的叔父免稅回家，並賞兒童白銀數兩，勉勵他好好用功讀書。祖父對我說：「現在你亦是八歲了，要好好用功讀書。」

老僧自題

七十畫集自題（一九七一年）——《佛菩薩聖像畫集》

形似入真心未出俗，眼裡有珠胸中無物，
提筆作畫分布彩色，唯識所成隨心而得。
七十年出世為人，四十春入道學佛，
迄今仍是木頭一塊，不知如何本來面目。

七十六照相自題（一九七七年）

老僧今年七十六，心在界外形如俗，
十方大覺開山僧，一切無礙自知足。

七十八重陽自題（一九七九年）

年年逢重九，自悲已白首，
目睹歲月速，耳作秋風友。
光陰去如電，壽命行將朽，
古人如此過，今亦不可留。

民國六十八年（一九七九年）九月九日時年七十八歲

朝聖日記

前言

印度是佛教的發源地，凡為佛教徒，能朝拜一次本師釋迦牟尼佛出世弘法的聖地，是非常榮幸的。唐三藏取經，他經過千辛萬苦，歷十餘年的苦程去朝拜聖地。我們現在的人福報太大了，不用走路，坐飛機，費七個小時，半天工夫，就可到達聖地。我早欲享這個福報，今借甘地翁百年紀念誕辰，由印度摩訶菩提協會，聘請參加大會之緣，順便朝禮聖地，預定一個月的期限回國。

種植朝聖之因，是在民國五十二年，白聖、賢頓、淨心、星雲，四位法師及朱斐居士等，去朝拜聖地時，我自恨未能追隨。民國五十三年四月星雲法師著一本《海天遊蹤》寄給我，又為我介紹印度加爾各答黃梅倜居士，就種植朝聖的機會了，前二年黃居士來信云：「民國五十八年十月二月，是印度聖雄甘地翁百年紀念大會，歡迎世界各國派代表參加擴大慶祝。」於是就在去年六月間來函邀請白聖法師及我與善歸法師三人組團同參盛會。緣白聖法師因事無暇赴印，因此我與善歸法師二人，代表中國佛教會赴印。本可於紀念會前到印，買好中華航空公司飛機來回票，往英國領事館請求簽字。又摩訶菩提協會聘請書，至中國佛教會時，未曾通過印度內政部批准蓋章，要再函請印度內政部蓋章。如是耽誤了半年多，直至民國五十九年二月才辦好手續。紀念會早已過去了，此時天氣溫和，正合旅行時間。

出發

民國五十九年二月二十二日（農曆正月十七日星期日）上午十一點鐘我與善歸法師同行，由基隆十方大覺寺出發，僧俗等數十人至松山機場送行，由善歸法師辦理登機及行李票手續完畢，下午一點半鐘起飛，三點十五分鐘至香港九龍啟德機場。休息一小時，四點十五分鐘換乘日本飛機，七點半鐘至曼谷機場，下機休息三刻鐘，由機場中招待水果茶點，免費取食。至晚八點鐘，仍乘日航起飛，十一點鐘即至印度加爾各答機場。辦理領取行李手續時，有悟謙法師、葉僑領、譚僑領，劉宣華、陳玉珍、黃梅侗居士等，前來歡迎，乘劉居士私家車行駛四十分鐘，至摩訶菩提協會樓上安單，聚談半小時休息，一房二榻，旁有衛生設備，甚方便。

二月二十三日

上午八點鐘，悟謙法師備早點送來，食後稍歇，葉僑領、黃梅侗、悟謙法師雇車伴往移民局報到，辦理朝聖過程手續。是午至僧伽聯合會悟謙法師處午餐。下午悟謙法師、黃梅侗居士等伴往國際商場買物。

二月二十四日

上午老華僑譚雲山居士夫婦，遠居百餘里外之山莊，專程來訪。言閱《印度日報》，知有華僧二人來此，暢談甚歡，並送我們每人一個紅包，我送他銀耳一包。十點鐘悟謙法師、黃梅侗居士陪我們至尼泊爾領事館辦往藍毘尼手續未成。下午參觀建國學校、梅光學校，此二校是華僑所辦，華文國語都很標準。又至《印度日報》館參觀，總編輯李宗洋先生招待參看各種印報機，云在本地每日銷售六百餘份，遠不及英文報紙推銷之廣。是晚至印度百貨公司買物，我買得象牙及檀香木等雕刻數種，一律不二價。

二月二十五日

早點後由悟謙法師、黃梅侗居士，伴往郊外玄奘寺基址，回至培梅中學參觀。由葉僑領及梅光中學董事陳晉英居士招待，該校有九百餘學生，正在考試中。由小學部百餘學生集體排班唱歌拍掌歡迎。由葉僑領介紹演講，我與善歸法師各講十五分鐘佛陀之平等博愛精神及皈依三寶的功德。又至振興皮廠，參觀各種製皮機器，每日出產萬餘張，以皮碎每年售得印幣十餘萬元，補助培梅中學。是午應劉陳玉珍女居士之素齋款待。下午再參看各家皮廠。此是印度華僑唯一的職業與生產。是晚摩訶菩提協會緊那羅法師集眾孤兒學生及各護法為我們開歡迎會，都用英語演講，並贈我善歸法師六吋高佛像一尊，我因不會英文啞口無言，唯言很感謝他們，慚愧得很。

二月二十六日

早點後，劉金昌居士開私家車，與黃梅侗居士來迎接我們至加城郊畔中華佛寺開盛大的歡迎會，在佛前上大供，設豐盛的午餐，並為我們照相留念。

二月二十七日

五點鐘早起，預備出發朝拜聖地。六點鐘，悟謙法師與黃梅侗居士雇坐計程車一輛，同來摩訶菩提協會，連我們一行四人同乘此車做長途的旅行，出加城郊外，即是寬闊清靜的大馬路，兩旁有高大開紅花的行道樹，風景美麗。下午微有小雨，六點鐘至伽耶，市面很大。先訪問華僑劉新盛牙科醫院，得熱情招待茶點。劉先生父子在伽耶多年，善能辦事，有他照應，一切方便。晚七點鐘至菩提場中華大覺寺，住持尼楚緣，有六十八歲，很壯健，招呼煮粥。晚餐後，與自加城乘火車來的六位女居士消災延壽普佛拜願結緣。

二月二十八日

寰觀此中華大覺寺，是民國四十三年永虔法師所造，譚雲山居士題字。永虔法師不幸於民國三十八年圓寂時，正值這位尼師從緬甸行腳來此，就繼任住持，至今無人替換。早粥後，緩步至菩提場，見菩提樹高近十丈，大約四圍，枝上懸綵甚多，樹下有金剛座，用水泥築成方台，中間正覺塔，高聳入雲，四周有很多小佛塔，石碑石柱，雕刻華麗，名花遍布，萬紫千紅，非常可愛。正覺塔四面，從腳至頂，每層每格，都塑有各種佛像，塔之頂端是尖圓之形。聖樹與大塔的四周有石欄杆，聞是阿育王所造，為保護聖跡的圍牆。石欄杆上的雕刻，都甚美觀。我們四人脫鞋入塔禮佛繞塔畢，再參觀西藏寺、泰國寺，都是脫鞋進殿，清淨莊嚴，一塵不染。還有緬甸寺、日本寺，都相當地好，寬大堂皇。回至中華大覺寺，則相形見絀了。午飯後乘車至王舍城，在靈山之麓小憩點心，覓一旅館安住，樓上西式房間，清淨雅觀，隔壁衛生設備，非常合意，二人一房，每人印幣五元，吃飯三元，是最便宜最理想的。

三月一日

早出旅館，乘計程車至靈山腳下，許多賣紀念品及賣點心飲食的商店攤販，都在招呼行人做生意了。由此上山百餘步，有重重疊疊的溫泉，免費供人沐浴。男女各別一池。歡喜上一池洗或下一池洗，都無不可。有從龍頭或魚口中流出來沖洗，有全身都入池沖洗，各種設備，任人選擇。從早到晚都有數百人沖洗，熱鬧得很。我們沐浴後上講經台，台在山頂上，緩行約四、五里至頂上，用石頭築成四方平台，形如城垛。我與善歸法師、悟謙法師、黃梅倜居士，及加城來的六位女居士在台上燒香燭、獻名花、普佛拜願約一點多鐘，拾一石塊下山留念，乘車至耆闍窟。是迦葉尊者結集經藏之處。窟由山中開鑿一室，似長方形的講堂。高約二丈，寬約三丈，長約五丈，洞口如房門相似，亦長方形。此窟是堅硬的黃泥土山鑿成，歷二千五百多年而未損壞，可以流芳千古。步出窟外，行數十分鐘有一小山，是八王分舍利處。再車行三十分鐘，至馬昂村郊外，距靈山約十英里，是唐玄奘法師求學的那爛陀寺遺址。古是繁盛的學府，今是一片廣大的廢墟。殿宇講堂宿舍丹墀，磚石的牆腳，尚可分別指數。大紅石上雕刻著菩薩和天人的像，神氣十足，手工非常精巧。有一座高約數丈的平台，從一層層的石級上去，遠眺全址一格一格的形狀，附近的山莊，都在目前。北面平地上，有古井數口，土人正在以桶吊水，我就此討水解渴。

步出址外，回程至中華佛堂，住持福金長老，有一百零二歲，向他請得舍利二包，每包二粒，我供奉他印幣四百元（合臺幣一千六百元）諸居士等就在堂中自燒午餐。飽食後，乘車回靈山封面，山頂上有日本建築的法華佛塔，全是白色，高大莊嚴。有索道，每人各坐一電椅，索道開動時，連貫騰空上山。行百數十步至塔前，脫鞋寰繞佛塔三轉，入塔禮佛竟，仍由索道坐椅下山，此索道之長，比臺北烏來要遠二倍。烏來是吊車，數十人共登一車，他是吊椅，各人各坐一椅，百數十人，一面上山，一面下山。連串排隊似地前行，甚是快樂。下午三點鐘，仍回伽耶，在劉新盛牙醫處，便茶後，乘計程車行有六小時，晚九點多鐘，至波羅奈斯城、鹿野苑、中華佛寺，有廣滿、鎮參二師招待安住。此中華佛寺，是民國二十七年北京法源寺方丈道階老法師，奔走南洋各地呼籲募化興建，因過度辛苦，圓寂於馬來怡保，乃由他的弟子德玉法師於民國二十八年得星洲富商李俊承居士獨助，於民國二十八年落成大雄寶殿。再由繼承住持本照、鎮參二師，於民國四十一年向我旅印僑胞募化，乃有莊嚴的三門及四周圍牆。今日堂皇巍峨為印度華僑首屈一指的大寺廟，是晚普佛拜願後休息。

三月二日

至波羅奈火車站參觀有佛教藝術化，名花滿地甚美。又參觀印度國際大學（Banaras Hinbu University）有九千多學生，範圍最大。有臺灣華僑學生李居士招待參觀，並在校中午餐。下午至印度濕婆神（Shiva）廟，全用大理石造成，建築莊嚴，世間稀有。脫鞋步入，上樓參觀，四周畫壁，各種雕刻，玲瓏巧妙，最精美的藝術，說不盡的美麗。從左側上樓，右邊下樓，迴廊曲折，極建築之精巧，大開我的眼界。又至博物館參觀，有許多古代石像、石器等，都很值得紀念。又至錫蘭廟，亦莊嚴清淨。看鹿野花園之鹿，流水小橋，引人入勝。由此前行，有說法台，是佛度五比丘說四諦處，高約三、四尺，順大道前走，有迎佛塔。再乘車至斑打那，達恆河之濱。街市興盛，古塔林立。印度有錢的人，為能常沐恆河之水，在此建築高樓別墅。買船渡河，他們都下去沐浴，我但取水洗面洗腳，未便下河。印度男女沐浴的甚多。男的穿著短褲，女的用紅布圍體。船至對岸，黃梅侗居士為我用塑膠袋裝金沙一包帶回紀念。此沙甚細，金光灼灼，與普通沙大不相同。是晚仍回鹿野苑中華大覺寺，有泰國比丘來，送我們胸章佛牌結緣每人一個。

三月三日

早七點鐘，由鹿野苑中華佛寺乘計程車動身，下午一點半鐘至拘尸那城、涅槃場，中華雙林寺。是由果蓮尼師募建的。此寺開工在民國三十五年，至民國四十五年落成，可憐果蓮尼師今已積勞成疾，現長臥在加爾各答僧伽聯合會中，飲食都要人餵他。現由從鹿野苑來的六十三歲本照法師代為管理。雙林寺有寬大的院落，莊嚴的佛殿，旁邊客堂寮房甚廣，有數十印度大學生在此租住。殿前聯云：「雙林垂蔭承恩悉證菩提果，林園憩影見性宏開淨土蓮。」已丑春陳健民撰。午飯後至雙林大臥佛寺，內有長近十丈的大臥佛，佛頭亦有一丈多高，前面澄燭輝煌，鋪滿鮮花，燒香禮拜的人很多。

參拜後，行至緬甸寺，有一座圓形的大涅槃塔，非常莊嚴。繞塔後回至佛陀涅槃火葬場，有一座小山，聞是佛陀圓寂後，遺體裝在金棺中，懸空飛起，到此小山旋繞三匝，即以三昧真火自化。他們由小路上山燒香禮拜，唯我身笨未能上山，只在山下頂禮三拜，聽說山上十多年前有一株大樹，有苦行僧，善修頭陀，學鳥窠禪師，在樹上結茅而居，不避風雨，一日一餐，發願死守聖地，要親見佛陀，果然有一晚夢佛來開示云：「你要見佛，先見自心，心即是佛，見心即是見佛。」這位頭陀，自此信願更堅，不離聖地。但此大樹在十年前被印度政府砍了，今不復存在，原因是印度政府以他住在樹上，是很危險的，砍倒此樹，與他在附近另造三間房屋給他，房屋又有一座小佛堂，專為朝山禮拜人而設。他在此三間房中閉關不出。專心靜修，人家叫他都不肯開門。我以寧波同鄉口音叫喊他，說是遠道來拜見的。叫了十多分鐘，他才開門相見。但守住門口，不令人進屋。他今年已有八十六歲，雙目失明，聲音宏亮。我同來有幾位女居士，是皈依他的弟子，送供養與他，他不肯受，談了十多分鐘禮拜而別，回雙林寺歇宿。

三月四日

早六點鐘，乘包計程車動身，過近藍毘尼邊境，因未辦入尼泊爾手續，望洋興嘆，就在招待處達蘭僧住的靜室中午餐後，趕往舍衛國祇樹給孤獨園華光寺，已入晚七點鐘矣。寺破屋小，是最苦的地方，住持僧仁證，外出募緣未歸，由一位湖北人七十餘歲的胡女居士照應我們，他身體康健，照應周到，全寺沒有電燈，沒有蚊子，在大殿中，鋪著大地氈，席地而睡，亦很安寧。

三月五日

早起參觀全寺風景，殿外聯云：「黃金為地想當年法會莊嚴，《金剛經》，《彌陀經》，信士勤看猶未斷，白塔參天，欣此際福緣結集，舍衛國，極樂國，心田相距本無多。」仁證法師募建，三寶弟子陳健民撰書。此間風景極佳，看祇陀長者住處及精舍講堂遺址，舍利弗、目犍連住處，都是一塊一塊的方形牆腳。經過密布的樹林，有佛往天宮為母說法的高地，又有方形的水塘，是提婆達多生身陷入地獄之跡。有一小山，上有窰形之塔，是佛母摩訶波闍波提落髮處。園中有印度人賣聖地紀念書冊及各種相片，說明都是英文，或梵文，我買了幾本。有少年送土產果子，不知何名，食之甚甜，但黏性太大，不好吃，十點鐘，華光寺胡女居士為我們送鮮牛乳一鍋來園。飯後，乘車動身，至晚六點鐘仍回鹿野苑中華大覺寺。

三月六日

早七點鐘，自鹿野苑動身，至晚九點鐘仍回加爾各答，途中夜市正盛，樹上百千電燈，五色都有，熱鬧非常。十點鐘至摩訶菩提協會。坐一整天的汽車，覺得很辛苦，沐身後，休息。

三月七日

上午，有居士數位，聞我們朝拜聖地回前來拜訪，未曾外出。下午葉僑領來，為我們致函泰京龍華佛教社，辦往泰國停留手續。

三月八日

上午為加城華僑居士及悟謙法師相約，為某善人誦經薦亡，在僧伽聯合會午餐。下午二點鐘，郭環偉、廖瑞元、鍾釗盛、熊福英、鍾黃香雲，五人來皈依，為其說法。三點半鐘往加城動物園參觀，獅、虎、豹等獸類，白鶴、孔雀、鸚鵡、鴛鴦等鳥類，河馬、海豬、鱷魚等水族，各種鼠類、各種雞類，應有盡有。碧綠的池塘，茂盛的樹木，名花異草，風景幽美，為我國圓山動物園所不及。至晚仍回摩訶菩提協會。

三月九日

上午佛教蓮社李鳳芳女居士來，邀往佛教蓮社吃豐美的午餐。蓮社創建人是旅印華僧轉逢和尚，現在管理人是他的皈依弟子李太太及其女李鳳芳，在樓上設立佛堂，中供三尺高的玉佛，甚莊嚴。轉逢和尚的照相，懸在壁上。食後回摩訶菩提協會，下午五時與悟謙法師乘有冷氣的火車赴新德里，有各僑領及各居士送我們至車中，熱情非常，照應周到，是晚即在車中過夜。

新德里之行

三月十日

十點半鐘，至新德里火車站。有印度中央大學教授胡季藻先生，來火車站迎接我們，至火店旅社安住。下午大雨，未曾出門。五點鐘後天晴，胡教授來，請我們三人至德里大餐廳點菜，吃豐盛的晚餐。步遊街市寬闊的馬路。八點多鐘，乘車回旅社休息。

三月十一日

上午胡教授來社，乘車伴同至泰國領事館，辦往泰國安住手續，又至印度中央大學胡教授教華文處參觀。此大學範圍甚大，房屋全新，由印度政府創辦，尚在繼續建築中。步出大學，至比拉教廟，是婆羅門印度教最偉大最莊嚴的寺廟。雄踞市區中心，四周花圃假山，做就獅象等形，活潑如真。流水小橋，太湖石欄杆，萬紫千紅，奇花滿地。殿宇重重，樓閣層層，全用大理石砌成，四壁畫像，雕刻人物，神韻自若，非常生動。遊覽一轉，直似人間天宮。總統府靠近附近，建築雄偉。議會省府，四周都是園林，清淨大方，疑是仙境。晚六點鐘，至舊德里，有休業牙科陳醫師，高齡已有七十八歲，為印度最老之湖北華僑，坐談二十分鐘，菜點後贈我們每人紅包一個，客氣非常。

三月十二日

上午我與善歸、悟謙二師，黃梅侗居士四人乘車為買紅花往舊德里陳牙醫先生家，由陳太太陪同至商場買物，購得西藏紅花四兩，計印幣八百元，甚貴，又買象牙佛像及各種雕刻物，都是貴的。下午旅印華僑數十人為我們在 INDIA, FREE CHINS. 4. Pusa Road. New Delhi-5 大開歡迎會，吃豐美的茶點，互談鄉情，攝影後，盡歡而散。乘車回旅社休息。

三月十三日

上午九點半鐘，胡教授來，乘車同往甘地陵，是甘地聖雄火葬的地方，四周範圍甚大。甘地是近代史上一位偉大的政治家，有堅忍不拔的精神，爭取印度獨立，主張不流血革命，奮鬥到底，洗滌印度百餘年亡國的恥辱，是印度的國父。與我國孫中山先生一樣。我們至陵前獻花已有幾個英國人在陵前照相，將我們攝入鏡頭，不到一分鐘，就取出五彩四寸相片，我們五人都在此中矣，清楚明白，照相藝術之高，是我第一次所見。從甘地陵出來，就至紅堡，這是新德里的舊城，古代回教皇帝的宮殿。全用大紅石砌成，四面圍牆堅固，設有炮眼，城門口有軍人站崗，城內街道兩旁都是商店。有一大樓，相傳是沙查漢為奪取帝位，錮禁他的父王所在。進入皇宮，胡教授為我們拍照數張。回途我買了些紀念品帶回。下午三點鐘回至火店旅社，略一休息，整理行裝，四點鐘乘車至火車站，有胡教授及印度人賴先生，送我們入車，握手告別，四點半鐘開車，在車中過夜。

三月十四日

火車行至下午六點十分鐘仍回加爾各答摩訶菩提協會。

泰國

三月十五日

早晨眾居士都來送行，上午九點鐘，劉金昌居士開私家車送我們至泰國航空公司，轉坐公司車至飛機場，辦完各種手續，十二點十五分鐘起飛，下午二點一刻至曼谷廊曼機場。有陳卓二位居士迎至龍華佛教社休息，慧文法師招待，為我們安單在太虛大師紀念堂左側房中。

三月十六日

上午九點鐘由陳振泰居士開冷氣車同至中華大使館報到，辦登記延期手續。下午一點鐘，乘計乘車至香牙小苑，訪三十年前同學純果法師。蒙他熱情招待，進入客廳，見懸立軸一幅，是法師自題偈云：「海角天涯客異鄉，求師遠別禮空王，禪心懶掃浮塵影，但願菩提漸漸長。」暢談闊別之情，茶點後，回龍華佛教社。

三月十七日

移居香芽小苑，休息一天。

三月十八日

早七點鐘，純果法師備好汽車，有李碧蓮居士做好炒麵、點心、水果等，裝入汽車中，準備在野外午餐，車由碧甲森路，經皇家花園，過佛統府大金塔，又名佛統塔，圓形高大莊嚴。車行一百一十公里至叨丕府。又由叨丕府行一百五十七公里至佛丕府，下車上皇家山，山上花木甚多，風景甚好。步行數里即至皇家洞。由洞口朝下循石級行約百步至洞底，平正寬闊，約有六、七丈，有大臥佛在中，四周岩石上，佛像甚多。向裡再行，由狹轉寬，又一大洞，與前洞寬闊相同，有大佛像高一丈餘坐焉。遊人至此禮拜香火不絕，上有天窗，日光照下甚亮，再進又有一洞，亦有日光自上照下，四周岩上佛像亦多。石鐘乳自上垂下，長約丈餘，短約數尺，奇形怪狀，形各不同。再進一洞，不見陽光，有數十童子，持竹筒蘸以火油，燃點相照，引路出洞，極底而出，索錢而散。

焚香禮佛畢出洞，繞山而下。沿途有賣水果攤販，隨意買食甚好。下山時，已十二點鐘。乘車由小路至一山腳大樹下，濃蔭密密，下車席地而坐。由李碧蓮居士，搬出炒麵、水果等物，此是最快樂的野餐，飽食畢小憩，上車。由佛丕府行經六十公里至華欣府。從軍用飛機場而至西海濱。看碧綠美麗的海潮。沙灘上，有許多賣東西、飲食紀念品等的帳篷。散步遊覽已，乘車至考竹峽山，是一名勝古剎，寺前有佛為五比丘說法像，鹿象獻花，塑藝甚好。下山後，乘車回曼谷，已在入晚九點三刻鐘矣。

三月十九日

上午與善歸法師至中華航空公司定至香港飛機票，下午由純果法師伴至市場買紀念品。

三月二十日

上午無事休息，午後，純果法師雇車陪同至曼谷各寺廟參觀。經運動場球場、日本大使館，至越孟乍大理不寺，殿中有大臥佛。殿長有十一間屋，佛身長有十三丈，頭高約二丈，比印度雙林寺的大臥佛還要大，還要莊嚴。恐是世界上最大的臥佛了。繞佛頂禮後，經泰王出家的玉佛寺亦莊嚴非常。是日聞因他尼王子夫婦來泰，各處懸旗結綵歡迎，是晚更是火樹銀花，如元宵佳節。於晚點後，純果法師又特雇車為我們出觀泰國街市燈景。沿途行道樹上都懸各色各樣的電燈，兼有圍繞各家公司商號招牌，五花八門，說不完的美麗豪華，暢遊回苑，時已九點多鐘，沖涼休息。

三月二十一日

早六點鐘吃飯，純果法師因泰國地近熱帶，溫度很高，特備有冷氣的士車，李碧蓮居士將油炒飯裝在大暖瓶中，水果熱茶碗筷等應用物件等都裝在車後。七點鐘出發，先過天文台，是一個極大圓形球。出市區外，行在寬闊清淨的大馬路上。八點半鐘，至紫峰閣，在一小山上，是道家居士廟。門前聯云：「紫雲幻影作樓閣，峰山疊翠似畫屏。」有十餘泰國青年僧，亦在此遊，有一是臺灣中壢人法名「真頓」，是我國留泰學僧，相見甚歡。此間迴廊曲折，亭台流水，風景甚佳，下山乘車往東海濱，與西海濱同樣地熱鬧，飲食攤販甚多。有許多避暑的人來此觀潮。九點半至萬佛法船寺。所有房屋建築都如船形。中央是一隻大船，旁有小船數十隻。

我們步入大船，先至前艙觀音殿，再至中艙三聖殿，有八十餘歲的老僧，主持法會，香花水果，供養甚多。再至後艙地藏殿，禮拜參觀後，步出船艙，乘冷氣車，十一點鐘至溫泉山，四周水池，泉從中央沖出，蔚為奇觀。十二點鐘至「是拉差」海濱。擇一大樹下，坐石凳上，將帶來之食物在車中搬出午餐。大家飽食畢，乘車遊覽地耶海濱、挽蒲海濱、挽巴拉鹽田、黃波海濱。各處海濱都有名稱，專為避暑人消遣炎熱，吸收新鮮空氣。黃波海濱，則更為有名，許多水鷗結隊遊行，飛上飛下，入水出水，或東或西，自由快樂。濱有一大船塢碼頭，要買票入門，房屋由淺水灘上搭架造起，走過很長的木橋，仍由前門走出。三點半鐘至北挽府，有大花園名曰「壽苑」。是廣東潮州富商余子亮居士所有。亭台樓閣，流水小橋，名花遍地，比皇家花園有過之無不及。並且內設平民醫院，施醫給藥。將車開入，免費暢遊，若是步行，則整日遊覽不盡。四點半鐘至素功海濱，步遊半小時，亦有特殊的風景，可惜我的筆拙，不能形容。六點鐘，回香芽小築。

三月二十二日

早七點鐘，純果法師已雇好汽車。李碧蓮居士率她的十六歲第三子攜照相機來，在香牙小築出發，北行過飛機場，路旁池水蕩漾，蓮花盛開。八點半鐘至挽巴園，泰國故皇行宮。是一最理想，最富麗的公園。盤龍照牆，盤龍石階，文武朝拜遺址，中國古老式的宮殿，柱聯長條，隸篆屏幅，都是華文，皇帝座椅用繩牽圍，不許走入。後宮陳列及兩邊廂房，都是雕龍畫鳳，富麗堂皇。宮內尚懸古式火油燈。出宮遊覽花園，亭台流水，欄杆小橋，布置優美如同仙境。在御水閣涼亭中憩息後，坐長尾艇，是河中遊艇，後有馬達，開走甚快，如電風扇之翼，不開時將扇翼提起，開時將扇翼放下，如一長尾。我國所無，尚未見過。

環遊數里，至一僧寺，是皇家所建。參觀後，坐纜車過河，時已十點多鐘。十一點半鐘至北標，市面很大，十二點鐘至抱木山，上行三里多路，至青蓮寺。沿途奇岩怪石，風景異常，別有趣味。寺中住一僧，招待周到，就在殿前將香牙小苑帶來之炒飯、水果西瓜，飽食一餐，步至寺後，入醒獅眼洞。內住一老居士，靜坐苦修。再遊仙水碧洞，徐步下山，過普陀佛堂，至小西天雷音寺。是抱木最大最莊嚴香火最盛的寺廟，亦是遊覽朝拜之目的地。步上五十餘級之石階，兩旁欄杆扶手有四條長龍形。正殿是四方形的巨塔，塔尖高入雲霄，莊嚴無比。脫鞋入殿，中供二丈多高的釋尊坐像，旁有四尺多長的佛腳聖跡。燒香頂禮後，步入後殿，重重的寶塔，無盡的莊嚴（由李碧蓮的三公子為我們攝影）。寺旁博物館，陳列各種古物，看了四十分鐘尚未畢盡。三點鐘過白雲道山，因天雨，未能下車上山。四點至大城，有三寶公廟，脫鞋入殿，中奉三丈多高的銅塑大佛像，幾如彰化的大佛，寰繞四周，都有佛像，莊嚴無比。出寺乘車，於歸途中見有許多被大火燒毀的大塔，傳於百數十年前，為緬甸回教徒率軍侵入所燒寺廟。大城王朝退敗，故佛都塔寺廟均遭劫難。再行十餘分鐘，至「蒙空母西」佛寺。殿中佛像高約二丈，金色輝煌，殿宇全新。聞此寺亦遭緬軍侵襲毀壞之一，這尊破殘高大的佛像，日夕風吹雨打，前王因為重修必圯，留作國恥紀念。今為九世王蒲美蓬修造完成，不復再圯。人人皆說九世王福德最大，感動佛陀故。晚七點鐘，回香牙小苑。

憶回教教主穆罕默德，一手執槍，一手捧經，強人信教；大城佛寺為回教所毀，印度甘地亦為讓避與回教戰爭，為人刺殺。基督耶回都喜戰爭強迫傳教，用槍炮使人信仰。惟我佛教抱不殺主義，以慈悲為本，以不流血主義復國，故甘地稱為聖雄。要世界和平，非推行佛教不可。

三月二十三日

我與善歸法師預備回香港，純果法師備午餐餞行，十一點半鐘親與李碧蓮居士備車送至飛機場。又為我們買行李票。下午一點半鐘起飛，三點鐘至九龍啟德機場，檢查畢乘車至香港藍塘道佛教光明講堂。壽冶和尚招待晚點住宿，談十餘年闊別之情，與同學仁光法師敘舊，與監院靈真法師共住一室。七點鐘後，智開知遠聞信亦來，共談二小時後，分別休息。

三月二十四日

上午由靈真法師伴同見覺光法師、洗塵法師、旭朗法師三處，至移民局辦延期手續未成。下午靈真法師開放自製越南傳戒，越南風景五彩活動電影，甚好。

三月二十五日（農曆二月十七日）

下午由靈真、仁光、智開、知清、知遠、知量，六人送我們至九龍啟德機場，四點鐘起飛，五點十五分回至臺北松山機場，檢查後，登車回基隆本寺。

結論

此行也，共計一月，泰國與我國是有邦交的，香港、印度與我國是沒有邦交的。論國際方面如是，若言人民方面，印度的華僑可以辦華僑學校，教授華文華語，如培梅、梅光、建國等，師生都知國文國語，非常熱愛祖國，身在此間，不知是為印度也。及至泰國，老華僑尚知國語，青少年則不知國文國語矣。蓋曼谷王朝，不許華僑辦中國式學校，將來中國人與泰國人同化，華僑變作泰國人民也，我所見李碧蓮居士，她是懂國文國語的，與我們一見如故；她的十六歲公子，與我們雖很熱愛，但不知華文華語。緣因校中不教華文，不准說國語故，香港與我國雖無邦交，但華人很多，幾不知身在國外也。

華香鳥語悟來皆妙諦，嚴戒清修覺後總菩提；
華文外表莫如求見性，嚴淨內觀自可以明心；
華飾儀容自是有關佛道，嚴持心性可以成就禪機。

卷二

大覺

十方大覺禪寺志序

自古名山勝剎，互相輝映，後之來者，但感懷其名勝，孰知崇樓出於荊莽，締構艱難，因人傑而地靈者哉！爰自民國三十八年春，余避地香港，遯跡於大嶼山寶蓮寺，民國四十二年秋，由南懷瑾居士與普觀法師之邀，周至柔居士之助，方渡海來臺，掛褡於基隆佛教講堂。因鑒於此地為國際港口，十方輻輳，而乏一叢林規模，乃與南居士及魯寬緣居士等商酌，欲興建十方禪林，正名十方大覺禪寺。開啟楷式，豈獨有壯觀瞻而已耶！當斯時也，余方卓錐無地，諸大護法亦僅足以自全生計，經云：「貧窮布施難，富貴學道難。」一徒有願耳。嗣得惟定來皈，同襄願力，隻椽片瓦，皆賴以奔走呼助而來。復得黃皮胡玉書老居士，為卜擇岡巒體勢，方定今址。憶自披荊斬棘，初入此山，但見荒煙蔓草，滿目榛蓁。初構數椽，亦僅足師徒容膝，聊避風雨已耳。啟土之日，即於原址得見石觀音佛像，群慶為勝。旋由十方檀施或布金以奉佛，或撮土為供養，腋裘漸積，纍丸成聚，然亦憂患備嘗，方成今日具體而微之規模也。今夏四月十七日，適逢惟定監院七十世壽，經魯寬緣居士倡議綴此小志，垂示來者，且亦為志惟定之苦行功勳焉。茲序記其事曰：

大覺寺位於基隆市佛祖嶺之西，康樂嶺之陽。山巒起伏。發脈於月眉山靈泉寺之支，靈泉寺法統，為福州石鼓山湧泉寺之裔，與余誼屬同源。方誅茅建屋之初，此山固未命名，寺成之某日，南懷瑾居士偕魯寬緣談爾群李明昌居士來山禮佛，即賦一絕云：「雨後天光氣象新，呼朋參訪嶺頭春，靈源山色清如水，猶照塵勞夢裡人。」余以此中因緣，但有默契者，遂以靈源而定名此山焉。

本寺締建之初，買山量地，有關與地方政府及法律事宜，皆由護法居士魯寬緣負其全責，自始至終，事無鉅細，獨任奔走，勞怨不辭，其至誠迴護伽藍之功，殊不可泯也。

綜合十二年來之建築，計已完成者，有大雄寶殿、祖堂，五觀堂上、下樓，念佛堂上、下樓，禪堂和講堂上、下樓，地藏殿、觀音殿、七級浮圖大寶塔。特建大六角亭供養石觀音聖像，蓋志本也。尚有義診堂，以濟疾苦。凡此建築，皆以水泥鋼筋為之。截至今年止，全寺常住僧眾三十六人，居士二十人，四眾同修，略陳叢林之規範。今由魯居士之奔走，已申請得市政府助款，將闢登山馬路，直接可通汽車。他日有緣，尚須建四大天王殿、鐘鼓樓等未盡諸事宜。

余行年已六十有五，垂垂衰暮，教化無方，常懷慚愧，方其渡海東來，蕭然一身而已，由初發心建寺而至於今，余唯尸其位耳。凡茲建築，均來自十方，此後當以此常住供養十方眾生，同登極樂。經云：「財法二施，等無差別。」為序此小志之迴向也。

民國五十五年（一九六六年）歲次丙午四月釋靈源序

（原收錄於《大覺小志》）

十方大覺禪寺籌建經過及將來計畫

一、籌畫建設經過

靈源浙江臨海縣人，現年七十九歲。畢業於浙江第六中學。後因讀《楞嚴經》而發心出家，時年三十歲。參訪大陸各大叢林，併朝四大名山。民國三十八年，住持廣東南華寺，因不堪迫害，避難香港。民國四十二年七月間，由南懷瑾、魯寬緣居士代為申請入臺。本省各縣市寺廟甚多，而無一叢林建設，本市為國際港口，來往佛徒掛褡無枝，不慧以為寺廟應安居四眾，廣結十方善緣。即由鄭月嬌居士介紹本山建寺，此處原有石觀音在大樹下，尚有廟址遺跡，山勢雄偉，地形甚佳。即向政府承租，開山挖土，搬石運磚，初建大悲殿，信眾日增，善緣成就，一切進行較為順利，於民國四十三年九月十九日落成。次造地藏殿，面積八十五平方公尺，專住女眾，於民國四十三年七月三十日落成。張齡居士聯云：「一念迴光覺火宅涼生鐵圍隕去；何年成佛要眾生度盡地獄空時。」

民國四十四年籌建大雄寶殿，面積一百八十八平方公尺。民國四十六年建大廚房，安住廚司暨雜工人員，民國四十七年建大膳堂，並裝設高地給水庫，改修水泥道路，並請政府裝設路燈。民國四十七年四月八日大雄寶殿落成。呂懷賓居士撰聯：「大矣哉廓爾無邊豎窮三際橫遍十方無執空無執有無執中洪爐點雪；覺也者用之不竭真俗圓融自他兩利不是佛不是心不是物明珠走盤（殿內）。」張齡居士撰聯：「大雄聲教被西來猶儼鷲嶺談經龍宮說法；覺海圓澄非動靜莫錯認鯤身雲起鹿耳潮來。」又聯云：「大德自何方來歷經烟水百城那裡高僧多與少；覺者且於此住回顧海天萬里個中塵影有還無。」又聯云：「大容十界小絕纖塵塵塵納入毫端混而不雜；覺度眾生宏施萬法法法通連鼻孔異則非殊。」又聯云：「大小無分芥子須彌原一念；覺迷不二醍醐毒藥要盡單傳。」（原大雄寶殿木料被白螞蟻吃空，故民國六十年拆掉改建，這些佳聯以後再也見不到了，實在可惜。）

民國四十八年興建七層寶塔（俗名七級浮圖，民國五十四年二月十九日落成，計面積七層合計：六百二十八．三七平方公尺，高七丈餘，因本寺安樂區，故定名為安樂塔，以取往生西方極樂世界之意）。塔之底層，專為收容靈骨，並有專人每日供奉香花飲食，以安亡靈。

民國四十八年九月十二日夜半，我師公上虛下雲老和尚於大陸江西雲居山真如寺圓寂，次年籌建「虛雲老和尚紀念堂」。因虛雲老和尚為近代高僧，即靈源剃度師，時年一百二十歲。當他一百一十三歲時（民國四十一年），受磨難患病漢口，曾做一聯云：「坐閱五帝四朝不覺滄桑幾度；受盡十磨九難了知世事無常。」靈源為報師恩，特造紀念堂（祖師殿），以便朝夕侍奉。蔡念生居士撰聯周鈞亭居士敬書：「趙州同壽憨山同名對影成三人應現重來垂化跡；神光得髓道育得骨一花傳五葉淵源千載振宗風。」

民國五十年，興建念佛堂，樓上面積二〇九平方公尺，樓下面積二百二十五．二平方公尺。民國四十九年，建五觀堂，樓上為水陸壇。另建男女衛生設備，裝電話，並向國產局價購本寺用地四千四百五十坪。民國五十一年增建平房，以做來賓客房，面積六十九．九二平方公尺。民國五十二年另建大悲殿，面積九十七．五平方公尺（原大悲殿改為客堂）。殿內塑千手千眼觀世音菩薩像，民國五十二年七月落成，張齡居士撰聯，趙希鼎居士敬書：「仰萬德莊嚴南海非遙心即是；度一切苦厄虛空有盡願無窮。」又聯：「了知自性元明反聞自性，應以何身得度即現何身。」

大悲殿左旁，造觀音亭，面積四十三平方公尺，民國五十二年五月落成，內供奉石像觀音，每角柱上刻有張齡居士撰聯：「大士現金身三面山光一海水；覺人遺石像千家祈禱萬般靈。」又：「大覺覺無常遇難持名都因心地無常覺；悲觀觀自在聞聲救苦卻用耳根自在觀。」又聯：「觀觀斯亭應把觀能觀所同為幻影；音來此處好將音有音無共證真常。」又懸一聯：「慈光普照孚佑黎庶；甘露遍灑濟度眾生。」

民國五十二年春植樹節，栽植樟樹六千株，櫻花四百株（樹苗係市政府農林課無價免費供給），現已長大成林，本寺亦成基隆市八景之一。又於民國五十二年九月申請成立財團法人。九月十九日奉到基隆市政府發給財團法人許可證，再依法向法院申請登記，於十月八日奉基隆地方法院證字第十一號法人登記證書，完成財團法人登記。民國五十四年元月十五日接國產局基隆辦事處函後，每坪按五元價格承購，並發給轉移證明書，再向市政府地政科辦理土地登記，並領有土地所有權狀三紙，土地辦妥之後，又向市政府地政科辦理建物登記，各種手續進行全有賴魯寬緣居士各方奔走。

民國五十二年興建學戒堂即現在之講堂、藏經樓，面積上、下各一百九十二平方公尺。應民國五十三年四月三日至五月六日止，傳千佛大戒。

民國五十三年籌畫興建甲種車輛柏油登山道路，因來山朝香拜佛者甚多，從山下來寺，約三百八十公尺人行便道，雖是水泥構築，但坡度甚大，殊感不便。於民國五十四年，基隆市議會六屆四次臨時會，經武議員少虔等十八位議員提出臨時動議通過，函請基隆市政府編列預算中，本寺為求早日興建道路計，特請市政府建設局李局長白珪、潘工程師祥雲、吳工程師武義來山多次勘查，最後決定由本寺三門起（永嘉社區路口），經過對面山腰，轉至本寺地藏殿前，為興建之路線，於民國五十四年六月，由潘工程師及吳工程師率領省立瑞芳工職高二土木工程實習生六名，開始測量，約經一月時間，外勤工作方告完竣，即行繪圖設計，做預算又費時一月，方告全部測量、設計、繪圖、預算完成，全長計四百七十公尺，其中需構築橋梁一座，大垓洞三道，全部細石子路面。民國五十七年興工，民國五十九年加高級柏油路面完成，從此大小車輛直達本寺。

民國五十六年平大殿前坡地，興建天王殿，第一層右邊廚房、庫房、中間餐廳、左邊客房、廁所、浴室，第二層正中天王殿，建四大天王，中間塑彌勒佛像，後面為韋馱菩薩。西邊建西歸堂，樓上建築藥師殿，東邊建水陸壇，天王殿兩側樓上建鐘鼓樓，先後於民國五十九年完成。天王殿大門上懸「十方大覺禪寺」匾額，謝冠生院長題，張齡居士撰聯並書：「是帝釋干城威靈合鎮四天下；為法門外護神光常繞一須彌。」內向大門上懸「三洲感應」匾額，張齡居士撰聯並書：「護法固金湯萬類邪魔齊掃蕩；施威持劍轍四天風雨盡和調。」

民國六十年至六十三年，改造大雄寶殿，形式採用宮殿式中西合璧之建築，鋼筋水泥砂石拌合，仿雲門大覺寺之大雄寶殿樣式，外瞻兩層飛簷，兩層，高約五丈餘，長約八丈許，深約四丈許，屋頂蓋金色琉璃瓦，莊嚴耐用。上層懸于右任院長書草字「大雄寶殿」，中層「普光明殿」匾額，呂懷賓居士撰聯，廣元法師書：「大千界淨空花歇；覺海波澄性月圓。」內供奉三尊大佛像，周圍供奉瓷燒彌陀佛像七千多尊。殿後供奉觀世音菩薩，聯云：「西方懸慧日淨光遍法界；南海駕慈航濁世度群生。」

大雄寶殿內：呂懷賓居士撰聯，廣元法師書：「十方僧同修妙道；大覺者果證菩提。」殿門柱上，張齡居士撰並書：「遍法界不曾藏野馬微塵到處當存真佛想；如來無所說五時八教空拳祇誑小兒啼。」又聯：「大夢幾時醒幸遇明師慧炬頓驅長夜暗；覺來當下是不從外得衣珠原屬自家珍。」又呂懷賓居士撰，周仲康居士書：

「大我無形靈光獨耀；覺也非相源淵長流。」

民國六十五年以後，建廁所、修圍牆。以上為本寺逐年建設情形。

二、文物法器購置

1. 泥塑木刻，佛菩薩聖像大小三十一尊（普光明殿供奉萬佛小瓷佛像除外，裱畫佛菩薩像兩百餘幅），內水陸堂畫兩堂共一百五十幅。

2.《大藏經》、《卍正續藏》具全，《卍字續藏》一部，《中華大藏經》三輯各一部，佛教《大藏經》一部，南傳日文藏經一部，大乘佛教文化論集，《太虛大師全集》，淨土叢書《華嚴經疏鈔》，《大智度論》等佛書甚夥。

3. 法器：大鐘四套、大鼓二套、鐘鼓八套。

4. 廚房用具，齋堂桌凳，法會時可同時開客飯四十餘桌。

5. 床鋪臥具，除常住被帳自備外，客用木床被帳有二十餘套，其他用品均按需要購置齊全。

三、活動情形

本寺沒有寺產，平常住眾出家僧四十餘人，居士眾十餘人，生活費用大部分靠經懺齋焰維持，有餘款用之建築，其興建經費來源，除信徒自行樂捐外，悉由本寺募化，逐漸開工，分期完成，除本省二十一縣市均有信徒資助外，並向香港、南洋、菲律賓、泰國、美國等募助。每項工程完成後，即將收支捐款公布，以示公開，而昭信守。

本寺奉中國佛教會轉奉內政部核准：第一次於民國五十三年四月三日起至五月六日止，傳授千佛大戒，計參加求戒四眾三百一十三人（出家眾：比丘七十二人，比丘尼一百二十人。在家眾：優婆塞三十三人，優婆夷八十八人）。第二次於民國五十七年十月七日起至十一月六日止，傳授千佛大戒，計參加求戒七眾二百零五人（出家眾：比丘四十五人，比丘尼八十四人，沙彌尼二人。在家眾：菩薩優婆塞十五人，菩薩優婆夷三十一人，五戒優婆塞七人，五戒優婆夷十一人）。三壇大戒，均經如法傳授。法會期間，善男信女來寺護法，供僧者均數千人。為本寺最大法會，為佛教重要大典，此種殊勝因緣，不可思議也。

四、將來計畫

本寺地區，山勢雄偉，環境幽雅，再以本寺逐年殿宇建設，頗有叢林規模，欲辦佛學院、禪堂，緣不具，未能滿願，今後須要努力做的事業仍很多，最重要的即：

1. 興建虛雲老和尚舍利塔暨靈骨塔，以安四眾之靈骨。

2. 興建一座大樓，第一層為圖書館，第二層為禪堂，第三層為佛學院，以資重振宗風，造就僧才，續佛慧命。

3. 種植竹木花果，培養風景，改進現狀，美化環境，讓遊客觀光覽勝，頓覺清涼。

未來計畫，有待後起者之努力，逐年實施未完成之事業。

十方大覺禪寺成立弘法會記

創辦十方大覺禪寺目的及經過情形

我國自漢晉之後，皆是儒釋道三教並行，而佛教尤深入民心，愚夫愚婦皆知稱念阿彌陀佛。雖遭三武滅佛之慘，滅而復興者更為蓬勃。近來大陸政權轉換，三武佛之禍又重演矣。源棄捨南華（廣東曲江南華禪寺）避難香港大嶼山，得基隆各善友之申請，於民國四十三年一月由港來基，初住佛教講堂，見臺灣位重東南，尤以基隆綰國際交通孔道，竟無一十方叢林廣棲緇素各地來往佛徒，倉卒到此，掛搭無枝。弘教倡宗又無適當道場，源觀勝之餘，發現基隆市安樂區康樂嶺，有日人所造石觀音一尊在焉。水環山報，佳氣咸收，乃建設道場之福地。殆造物含蓄已久，未經建設道場之所。於是緇素騰興集議，就此山建立十方叢林，額曰十方大覺禪寺。初造觀音殿，繼造大寮、廁所等附屋。於民國四十三年九月二十一日落成開光典禮。又於民國四十四年續造地藏殿，於七月三十日落成開光。自此十方大覺寺已有觀音殿、地藏殿，四眾同修咸稱安樂。但大雄寶殿尚付闕如，雖已將地基開闢平整，而以建造工程較大，經費籌措維艱，尚在勸募中，所望諸方大德，各界善信，廣布財施，俾大雄寶殿剋期有成。慧日高懸於雨港，法音大震於海潮，彼岸同登，人心憬悟，赤氛早滅，大陸速收，叢林與復國同光，世運與道緣並茂。我願如斯，總希諸方共助。

為僧眾增加，大殿未成，倡立弘法會

叢林是佛教徒所共有，非多經年月，不能成就。今十方大覺寺，有地藏殿、有觀音殿及大寮宿舍；雖未能懸掛鐘板，廣棲緇素，而十方叢林之雛形已成。但初興道場，寺產毫無，生活問題不得不靠各種法會，弘宗演教。然敝寺僻處市隅，高居山上，弘教不宜，故每逢佛菩薩聖誕，啟建法會，隨緣開示，僅合初機。又因信眾婦女居多，故定農曆每月十一日頂禮血盆寶懺一天。或云此血盆寶懺是偽造，吾言一切懺法皆係祖師偽造，都非佛制。但對機設教，借假修真，黃葉止啼，如《高王經》，於眾生亦大有利益。況一代時教佛言未曾說著一字，則三藏十二部都是假設。《金剛經》云，如筏喻者，吾等博地凡夫，未到彼岸，正應利用此假，借此懺悔，消除三障，三障清除，三身立得。吾人為報父母恩，為父母求懺悔。為憐自身苦，為自身求懺悔，往業現業懺淨，即得淨業成就。故弘法會之成立，專為利益有情，兼為解決住眾生活，再為興造大雄寶殿。則叢林雛形漸漸擴大，將成臺灣第一十方叢林，模範道場。近四眾皆悉發心，參加甚眾，大有人多屋小之慮。惟希大殿速成，四眾同歸，共襄斯舉。

十方大覺禪寺大覺學佛院緣啟

吾人在此末法時代，國破家亡，妻離子散，由大陸來臺灣，蓋有年矣。回首前塵，恍如夢幻，顧思來日，尤覺虛空，生老病死，隨時逼迫，貪瞋癡愛，對境數起，因惑造業，隨業受苦，循環往復，痛苦萬分，欲謀解脫，惟有學佛。

學佛之要，在袪除妄心，妄心即惑也，去惑自即顯智，離暗自即投明，佛言：「若無妄念，則根本智、自然智、無師智一切現前。」此一句，已包括一切學佛法門矣。顧念學人發心真切，來此參學，就中有多年學佛者，有中年學佛者，有老年學佛者，時光易逝，佛法難逢，急應依佛所示，於一念心中，求得根本智現前。有此根本智為體，自然智、無師智、差別智為用，在儒家謂之「明體達用」，在佛則謂之「明心見性」，梵語即「般若波羅蜜」也。能如此，則煩惱即菩提，生死即涅槃，不但離苦得樂，而且了生脫死。茲為廣結善緣，望各努力精進，此大覺學佛院之所以成立也。

古德云：「佛種從緣生。」所謂緣者，即法、財、侶、地等是，本寺創建未幾，四緣尚未具足，故於名義上只稱學佛院，而不稱佛學院，蓋以佛學包括一切經典課程，學佛只揀擇一二法門修持，此其所以別也。然關於學佛所必須之設施，端惟四緣是賴，實缺其一焉，茲特就此四緣，略為說明如下：

（一）言法

多則三藏十二部，少則六字洪名，或一字咒語，都是法。惟以學人文字根基不齊，且不準備為弘法儲育人才，故不重文字，專重行持，以參禪念佛為正課，經教文字為助品，佛在雪山六年苦行成道，未曾研究經典，六祖惠能大師不識字而能解義，即可為法。因此，凡文字高深者，不要存知見，其一字不識者，亦不妄自菲薄，由有為法而至無為法，即根本智現前時也。

（二）言財

財為日用生活所需，古來叢林有寺產收入，百丈有「一日不作，一日不食」之規，虛雲老和尚在南華寺、雲門寺有農場、工廠之設置，皆為大眾謀生活，俾得安心辦道。今則時代不同，除出家二眾由寺供給外，其在家二眾，均須自費，乃為一時方便之計。須知法施為第一財，如導師之接引開示等；財施次之，如學人之供養捐獻等，要皆出諸至誠，莊嚴功德，非是以黃金買法也；其他在參禪念佛功用上必須之用具，均由常住備辦。

（三）言侶

佛在世時，其施教基礎，以比丘僧千二百五十人為對象。所謂僧團制度，後來我國創興叢林制度，均謂之侶，今則為環境所限，只能就本寺現有寮房住處，盡量收納四眾弟子，不分老少，通同接引，惟各人根基不同，應隨其志願所趨，或參禪、或念佛、或持密咒、或禪淨雙修，分別編組，互相觀摩，以資饒益。

（四）言地

由基隆市安一路至寺前門，公路平坦，有「十方大覺寺」五字橫額在焉，再循石級上升，約上百三十級而至寺矣，此地背山面海，風景殊勝，置身其間，疑已出世，既無城市之喧闐，尚有山林之幽勝，雖不能比美古來叢林，而大雄寶殿、大悲殿、地藏殿、觀音亭等建築，均極莊嚴壯麗，可稱人間淨土，參禪念佛，皆甚適宜。

就上四點，已將學佛院輪廓略予描攝，即行編組班次，訂定功課時間表，定期實行。在進行期間，自當隨時改造，俾各了明心地，大覺現前，不自外得，本來具足，學佛因緣，盡於此矣，是為啟。

本寺傳授三壇大戒《同戒錄》序

戒是何物，可以傳授乎？則吾人無始菩提涅槃元清淨體，從何處開，復從何處止耶？戒不可傳授乎？則剎那一念因果昭然。由佛所制之戒法，受戒法時所發得之戒體，依戒體而淨三業之戒行，持戒行所表現之戒相，其將如何成就耶？故彌勒菩薩偈曰：「戒如大明燈，能消長夜暗，戒如真寶鏡，照法盡無餘；戒如摩尼珠，雨物濟貧窮；離世速成佛，惟此法為最。」則戒法之尊重也可知。

昔世尊因事制戒，方便攝僧，乃至將欲滅度時，阿難請問：「佛在世時，以佛為師；佛滅度後，以何為師？」佛告阿難：「若我滅後，以戒為師，等與如來在世無異。」並又於《瓔珞經》，獎勵傳戒法師云：「能於一切國土中，教化一人出家，受菩薩戒者，是法師其功德勝八萬四千塔。況二人三人乃至百千人，其福德不可思量。」此等傳戒與受戒者，在印度當時不足為難，而譯傳中國，以至今日，能得到如《瓔珞經》等大乘戒法，殊屬匪易。在梁陳時代，真諦三藏之初來此土也，將得菩薩律藏來，於南海上，船便欲沒，省去餘物，舟仍不起，及去律本下水，船乃得進。真諦歎曰：「菩薩戒律，漢土無緣，深可悲也！」後沙門法進等，投誠禮禱，夢感彌勒菩薩親與授記。學後，誦出別行《地持菩薩戒本》，與曇無讖三藏校之《地持經》悉合。姚秦弘始三年，西域三藏法師鳩摩羅什來，誦出《梵網經·菩薩心地品》上、下二卷，由此我國乃有《梵網經》、《地持經》、《瓔珞經》等大乘戒法，為沙彌菩薩比丘等傳授三壇大戒，續佛慧命，令正法久住世間也。

《楞嚴》謂三決定義，即由戒生定，由定生慧。四種明誨，即戒淫、戒殺、戒盜、戒妄也。蓋以此等要義，重在事行，空談無益。倘出家二眾，對律儀繁瑣細碎，望而生畏，覺得戒不易持者；或以為持戒是小行小節，中國大乘佛法對此無須重視者，皆當以此三無漏學、四根本戒為準則。如能依教奉行，守持不犯，可名真淨道器，稍有違犯，則失僧儀，故曰護戒如護浮囊，不可破裂。否則，喪身失命，被煩惱羅剎所吞沒矣。

今當末法，去聖時遙，人心澆漓，甘墮沉淪，藐視律儀，戒行不嚴，道風不振，一味執我人牛跡之見。或謂律可方便，佛前受戒，不必壇儀，按此語出《梵網經菩薩戒注》云：「千里內無能授戒師，得佛菩薩形像前自誓受戒。」《梵網經》云：「應二七三七乃至一年，要得好相；得好相已，便得佛菩薩形像前受戒；若不得好相，雖佛像前受戒，不名得戒。若先受菩薩戒法師前受戒時，不須要見好相，何以故，是法師師師相授故，不須好相，是以法師前受戒時即得戒。」六祖古佛再來，尚須領戒於法性寺智光律師，況於他人乎？

有謂今時濫傳戒法、濫收徒眾者，余謂傳戒雖有量根利鈍，或五夏或十夏，步步增進之說，若人發心出家，即是善根發芽，應當成就，使其增長，使其成熱。《佛說出家功德經》云：「以一日一夜出家故，滿二十，劫不墮地獄、餓鬼、畜生。」《萬善同歸集》云：「《僧祇律》云：『以一日一夜出家修梵行者，離六千六百六十歲三塗苦。』乃至醉中剃髮，戲裡披衣，一歘時間，當期道果。何況割愛捨親，具足正因，成菩薩僧，福何邊際？」至其受戒徒眾，今日出家受戒，明日還俗破戒，已使其種下菩提種子，為成佛之正因，何得謂之濫傳濫收乎？若濫稱知識，妄為人師，自未出家，自未受戒，廣收徒眾。自不出家，禁止徒眾出家；自不受戒，禁止徒眾受戒；自害害人，生為獅蟲，死墮無間。或為名聞利養，惡求多求，詐現解一切經律，與人授戒；此無解作師，罪過深重，律所不許。如是則濫收徒眾之過小，濫為人師之過大矣。

又有謂傳戒不宜燒香疤者，蓋以香疤之由來已久，別有用意所在，非佛所制，宜予罷免。然《首楞嚴經》云：「若我滅後，其有比丘，發心決定，修三摩提，能於如來形像之前，身燃一燈，燒一指節；及於身上爇一香炷，我說是人，無始宿債，一時酬畢，長揖世間，永脫諸漏。」當知眾生積罪，假使有體相者，盡虛空界，不能容受；其宿債當在其內，豈是一香炷所能酧畢耶？當會其意，照例行之為是。」

靈源忝繼上虛下雲老和尚之後，思報剃度之恩於萬一，於此創造十方道場。自開山以來，於今十有四載，今秋是第二次傳戒。願諸仁者，不辭勞苦，虛心領受，戒基穩固，罪根速拔，發真實心，除盡舊習。切勿一出戒堂，依然故我。甚者貪財貪色，罔知顧忌，於袈裟下失卻人身，則大為可惜。《梵網經》云：「破戒之人，畜生無異，木頭無異，生生不見三寶，不得受壇越供養，不得飲國王水，亦不得國王地上行。若入房舍城邑宅中，五千大鬼掃其腳跡，世人皆罵言，佛法中賊，一切眾生眼不欲見。」此誠可惜而可畏也。

壇上得戒和尚諸師，皆是汝等法身父母，梵語和尚，此云「力生」，三乘道力五分法身，皆由師力而生故。羯磨阿闍黎，浣除惑障，成就莊嚴。教授阿闍黎，教誡規模，整肅威儀。尊證阿闍黎，檢舉七非，圓成三聚。堂上諸師不倦為人，曲垂接引，功莫大焉。諸人受戒之後，凡遇生辰節臘，必須焚香遙禮，致敬盡誠而不可忽。至若汝諸人等，十方聚會，共育聖胎，同戒同師，水乳和合，亦必緣有自，豈偶然哉。因之錄其籍貫名號，庶令先後序次不紊，尤足以篤法親之誼也。從茲參學有方，利生無量，悟佛道於今生，了生死於現世，庶不負授一番功德云爾。

民國五十七年（一九六八年）歲次戊申秋期

靈源序十方大覺禪寺

本寺第一次傳戒上堂法語（民國五十三年春季）

開堂和尚上隆下泉老法師上堂法語　其一

普賢菩薩聖誕日戒堂開學典禮，為上靈下源老法師所說法語。

大覺爐鞴正式開，破銅爛鐵一齊來，
名匠協力施妙藝，鑄成普賢共善才。

今有禪宗祖師上虛下雲老和尚一百二十五歲冥誕良辰，本寺住持靈源和尚，欲報本師剃度法乳深恩，創建道場傳授三壇大戒為之紀念。茲逢普賢聖誕正式開堂，敬設上堂大齋，上供十方諸佛，中奉三乘聖賢，下及六道群品，乃至新發心菩薩，特請山僧上堂說話，以為供養，如是財施法施之功德，豈可思議者哉，普賢菩薩華藏之輔聖，毘盧之長子，三業普周行滿法界，開示善財童子云：「普門遍入大乘力，普利一切眾生界，滅除障垢無有餘，一切妙行皆成就。」善財童子百城煙水，參訪善知識，由文殊開示發菩提心，忘身進道，忍苦修行，親近五十三位大善知識，一身承辦大事，最後參訪普賢，表果後不捨因行，即是初發心時便成正覺之榜樣也，菩提心即是覺道心，即是成佛心，一切時處背塵合覺，直至菩提因滿，其間必須上求下化，行菩薩道赴湯蹈火不以為苦，假使熱鐵輪於汝頂上旋，終不為此苦，退失菩提心，善財參勝熱婆羅門，登上刀山，跳下火坑得解脫者是也，諸位發菩提心，受佛戒功德最大，若能直至成佛，精進不退，是為甚難！如何是諸位的菩提心呢？然雖如是，即上堂說法慶讚一句！又作麼生道？

發心畢竟二不退，如是二心初心難。

羯磨和尚上靈下源老法師上堂法語　其二

不昧靈根求佛智，殷勤請法望宣傳。

《四十二章經》云：「飯凡人百，不如飯一善人，飯善人千，不如飯持五戒者一人。」戒律之尊重可貴也如此。蓋戒為無上菩提本，修心學佛之基礎，由五戒進而三壇大戒，為福田僧，做住世三寶之一，供養者即獲無上福田。今有某寺某法師率新戒弟子某暨三寶弟子某居士為祈梵戒精堅福慧齊增，敬設上堂大齋供養合寺大眾。求戒佛子！即今因齋慶讚一句！又怎麼生道呢？

大千世界諸佛土，剎剎塵塵現勝身，
曹溪河邊千古意，五行亭畔舊家風。

其三

春山疊亂青，春水漾處碧，春花爛縵開，春鳥鳴唧唧。
春期傳大戒，人人生死切。

問：如何是戒？

答：信步入荒草，忘卻長安路。

問：如何是定？

答：百花叢裡過，一點不沾身。

問：如何是慧？

答：如是我聞乃至信受奉行。此一段大事！汝若信本及，解不徹，法海汪洋，何處攝足，有眼不見舍那身，有耳不聞圓頓法，退墮有分。汝等於此應當立定腳根，信得及解得徹。才登戒品便踏佛階。

今有某寺等眾為求上品戒入如來位，敬設上堂大齋一堂。上奉：十方三寶八部龍天，下及六道群品，福慧齊增，人人安樂。即今因齋慶讚一句！又怎麼生道呢？

肚飢兩碗飯，口渴一杯茶，任運銷時日，莫使一念差。

其四

基隆雨水本來多，戒子虔誠實堪誇，
看破紅塵求佛戒，萬緣普濟福無涯。

未成佛道先結人緣，布施為萬行因緣之首，所以我佛世尊，因地中捨頭目骨髓，遍修苦行，利人利己，莊嚴福慧。

今有某寺新戒弟子某師，敬設上堂大齋一堂，上供十方三寶，下濟六道三途，並及護法諸天，加被求戒弟子，得上品淨戒，廣臻福慧，共發菩提心，決定成佛道，雖然如此，總要戒根堅固，百折不退，且道只今上堂一句；又怎麼道呢？

緊提無上毘盧印，直向千峰頂上行。

其五

今日晴天昨日雨，平等沾濡大地土，灑淨戒場得清涼；
龍天護法賢聖眾，甜瓜得之徹蒂甜，苦瓜得之連根苦；
大小動植諸品類，各潤根葉得其所，天意不負道人心。

今有某某寺來寺設上堂大齋供眾求增福慧，上供十方三寶護法龍天，下資六道三途皆獲美滿，即今因齋慶讚一句！又怎麼生道呢？

法鼓吼同雷聲急，鐘聲午夜動江潮，
長空垂雨千山翠，倒入江流影動搖。

其六

萬法是心光，諸緣惟性曉，

本無迷悟人，只要今日了。

世出世間一切諸法，唯心所造，以性為體，在動物為佛性，在植物為法性，凡有佛性皆當作佛，古德云：「終日拈香擇火，不知身是道場。」只要信心充足，打破疑團，博地凡夫當下成佛，說什麼三壇大戒，五篇三聚，其或智眼未明，未須受戒精進行持，消除業障，然後有悟道份。

今有新戒某師為求上品淨戒，敬設上堂大齋一堂，上供十方三寶，下濟萬有群靈，普結法緣，請山僧說法，以表虔誠，證明功德，即今上堂說法一句又怎麼生道呢？

忘機是佛道，分別是魔境，
三界都不著，方為出世人。

其七

等閒無事，莫謾用心，
不用求真，唯須息見。

所以內見外見具錯，佛道魔道具惡，世出世間一切諸法具從妄想而生，昔日文殊暫起二見，世尊與他貶向鐵圍山間去，古德云：「心空即是佛，不可得思議。」今有某堂新戒弟子某師為求戒珠圓明，菩提心不退，敬設上堂大齋一堂供眾。又有某寺等眾，敬設上堂大齋一堂，上供十方諸佛護法龍天，下資六道四生等受利益，即今上堂一句又怎麼生道呢？

一切時中須息見，三毒空時菩提現，
夢裡明明有六趣，覺後空空無大千。

其八

如來滅後戒為師，此語阿難難受之，
法住世時佛住世，如來哪有涅槃時？

如來在世以佛為師，佛滅度後以戒為師，戒為無上菩提本，應當一心持淨戒，勿以小罪以為無殃，水滴雖微，漸盈大器，但在末法時期，以持戒為執著，以犯戒為圓融，不畏因地作孽，待果報到時，反悔莫及，還要怨天尤人，不知自生慚愧，這種人世間最多，今各新戒弟子，慎在初心，莫徒快身口，而破如來禁戒不自覺知，打頭不遇作家，到老便成骨董，披著袈裟而失人身，最可悲痛。

今有本寺護法某居士等十六人為求福慧具增，敬設上堂大齋一堂恭請十方三寶，刹海萬靈並及諸天護法神祇，證明齋僧功德，迴向佛菩提、諸佛子等，「施主一粒米，大如須彌山，若還不了道，披毛戴角還」若要了道先須持戒精嚴，因戒生定，因定生慧，了脫生死，然後堪受人天供養，即今上堂一句又怎麼生道呢？

終日持戒，無戒可持。

其九

嚴淨毘尼即佛身，三無漏學戒為因，
不經徹骨寒如許，怎得陽回大地春？

所以二祖慧可斷臂求道，六祖惠能墜腰舂米，利根上器，尚且如此，何況吾輩鈍根凡夫，不經大死，豈能大活？古德云：「學道猶如守禁城，緊把城頭守一場，不經一番寒徹骨，怎得梅花撲鼻香？」古人出家，多為生死，大事未明如喪考妣，專心為道，故視而不見，聽而不聞，食而不知其味，心無二用，今人出家，大異古人，不發道心，謬受利養，三心未了滴水難消，諸人等，大須仔細！

茲有臺北、臺中、高雄、嘉義、某某寺敬設上堂大齋共五堂，請靈源說法，發心畢竟二不別，如是二心初心難。初心者須先嚴淨毘尼，戒為無上菩提本，故戒淨則心淨。堪受供養，否則如吞鐵丸，畢竟不消，餘且不說，即今因齋慶讚一句，又怎麼生道呢？

一踏踏翻四大海，一摑摑倒須彌山，

撒手到家人不知，鵲噪鴉鳴待時歸。

其十

嚴持戒法衍宗風，三會龍華授記同，

但向眼前親薦得，當陽即覲覺王宮。

若識自心，何假外尋，即心是戒，三學圓融。即戒是心，一體圓成，若向外馳求，千言萬語都是世諦，如畫餅充飢，徒勞無益。欲入聖超凡，大似飛蛾投火，水中捉月。所以道：「這裡不要窮玄究妙，說長道短，只貴死盡偷心，空諸業識，將平日學得，拋向他方世界，除卻胸襟中貪瞋妄想。」一味無心無念真心，即是佛性，凡有佛性，皆當作佛，諸仁者！還信得及嗎？

今有三寶弟子某某等來寺為求福慧，敬設上堂大齋一堂。又有某某居士為求福慧，敬設上堂大齋一堂請山僧上堂說法，且道只今因齋慶讚一句又作麼生道呢？

鐵牛不食欄邊草，直向須彌頂上眠。

其十一

龍天護佑日日晴，戒幢高豎放光明，
牆壁瓦礫說佛法，露柱燈籠著眼聽。

敢問仁者，作麼生聽得？知幻即離，橫身萬里，不成方便，離幻即覺，須彌倒卓，亦無漸次，眼中出刺，向上一事，不可口宣、不可心思，難者不會，會者不難。初受戒人，謹當慎重，莫輕小罪以為無殃，水滴雖微，漸盈大器，所以三千威儀，八萬細行，全持不失，即是諸佛世尊。

今有某某寺、某佛教蓮社等護法信眾敬設上堂大齋共二十堂供眾，諸仁者當思來處不易，三心未了，滴水難消，設若自生慚愧，防心難過，即可消受，即今說法一句又作麼生道？

戒珠圓明如滿月，萬惡千協具殊滅，眼中拈卻須彌山；耳裡拔出釘頭楔，任何境風吹不動，八臂哪吒嚼生鐵。

其十二

法本法無法，無法法亦法，
今付無法時，法法何曾法？

一法若有，毘盧墮在凡夫，萬法若無，普賢失其境界，超出有無之外一條通天大道，任何人都可走得，這一條大路，須菩提解之為空，優婆離持之為戒，阿闍世王獲之證無信根，勇施菩薩悟之入無生忍，涅槃會上廣額屠兒道是千佛一數。

今有某某寺，暨四眾信士等敬設上堂大齋共三十六堂，上供十方諸佛菩薩護法龍天，下濟六道三塗一切群靈，以此供齋，功德迴向佛菩提，即身成佛，即此上堂一句又如何道？

法本法無法，無法法亦法，

善來諸佛子，依樣畫葫蘆。

本寺第二次傳戒上堂法語（民國五十七年秋季）

其一

中秋過後節漸涼，傳戒開壇最吉祥，
布施求福福無量，一本萬利佛智生！

無上菩提，以戒為本，佛事門中，布施第一。未參佛道，先結人緣，以福能容慧，慧能破惑，了脫生死也。故求戒諸人，必先供齋修福，結大善緣。

今有新加坡毘盧住持本道老和尚（戒子宗西代理）敬設上堂大齋一堂。

又有本寺戒弟子：知昌、知信、知國、知福、知山、知星、知奇、知揚等八人共設上堂大齋一堂。今有某某寺、某某新戒等眾敬設上堂大齋共六堂。共修世間福田，同求出世智慧，冀得清淨大戒，發無上菩提道心。現前當來一切眾生，圓成佛果。雖然如是，且道即今請法，上堂一句又怎麼生道呢？振杖云：

三輪體空無施受，無邊福慧在戒香！

其二

渡海遠來求淨戒，為成清淨福田僧，
菩提有本今當得，從今永作釋迦孫！

人身難得，戒法難逢，今日雖存，明亦難保，趁此強健時，努力勤修道，莫以空過，當知苦海無邊，回頭是岸，所以菩薩行道，內施外施，內外施，竭盡施，通身內外一齊放下，於佛道方有少分相應。

今有香港新戒弟子、某三人設上堂大齋一堂供眾。又有某寺、某護法，共敬設上堂大齋三堂。為求上品戒，發無上心，了生死於現世、悟佛道於今生，行菩薩道，紹隆佛種，雖然如是，即今請法，上堂一句又怎麼說呢？

此身須向今生度，莫待來生與後生！

其三

欲修萬行因花，結緣布施第一，
上供三寶諸尊，下了自心惑業！

諸仁者，博地凡夫，都是因貪起惑，因惑起業，所謂惑者，惑於聲色，惑於物質，因此心為聲色物質上所轉，則念念妄想，貪求無厭，生死不得了也。出家學佛，為了生死，即念念不可為貪欲所轉，故曰皈依法，離欲尊，離此貪欲，即為世所尊矣。

今有馬來西亞法華庵新戒弟子某某，敬設上堂大齋一堂。又有香港某某二位居士敬設上堂大齋一堂。

上供三寶，護法龍天，加被行人，清淨惑業，消除魔障。即今請法上堂一句又怎麼生道呢？

有財不施無後福，有業不懺苦根留，
人生百歲從來少，速持淨戒把道修。

其四

秋高氣爽環境好，受持淨戒學佛道，
今日供齋求福慧，因果不差一分毫！

我佛為一大事因緣，故出現於世，吾人亦為一大事因緣，故出家學佛；佛有法報化三身，吾人學佛，先學哪一身耶？當知佛身，有事有理，法身者理身也，報化兩身事身也。理事頓悟，事必漸修，戒體清淨，即是清淨法身毘遮那佛。故學佛先從戒律下手，先證清淨法身也。

今有新戒弟子：某某等求光明金剛寶戒，悟清淨法身，敬設上堂大齋一堂供眾，修普賢萬行因華，莊嚴佛果菩提。雖然如是，且道即今上堂請法一句，又如何舉揚呢？

心即佛，佛即心；無星秤上兩頭平，
三寶門中下種子，九蓮花裡現童真！

其五

供養三寶不計功，眾生諸佛本來同，
三輪體空當作佛，安住菩提實相中！

即心即佛，大道只在目前，所以道祇園不離當處，釋迦不住西乾，非色非空，即空即色，只此見聞非見聞，無餘聲色可呈君。孔子曰：「性相近，習相遠。」性相近，則即波見水，習相遠，則忘水隨波，所以要念念彌陀，即從念處親見佛。是之謂大道只在目前，靈山一會儼然未散。諸大眾還委悉也麼？

今有某某寺、某某等眾，共敬設上堂大齋四堂供眾。意為福慧雙修，安住實相菩提，且道即此齋僧請法，廣結良緣，將來得何福教呢？且聽山僧半偈：

戒期會中設供，極樂國內標名。

其六

發心求佛淨戒，莊嚴淨土正因，
西方七寶樓閣，皆由自性造成，
惟願供齋功德，各發廣大道心，
同將殊勝因緣，用酬三有四恩。

《成實論》云：「道品樓觀，以戒為郭。禪定心城，以戒為柱。」故欲離苦得樂，必須轉染成淨。佛說三藏大教，非戒不立，故如來成道，首先制戒。《楞嚴經》云：「理可頓悟，事須漸修，滌垢磨光，必須懺悔。」〈懺悔篇〉云：「無始諸惡，猶如闇室。懺悔正解，狀若明燈，燈悔闇除，解生惑滅。亦如霜雪，待日而消。亦如疾病，待藥而癒。」然則懺悔，須持淨戒。戒體清淨，則惑障自然消除，道業自然成就。

今有某某寺、某某等眾，共敬設上堂大齋四堂供眾。總為酬謝四恩三有，莊嚴淨土正因。發廣大道心，願成佛道。雖然如是，即今請法齋僧一句，又如何舉揚呢？

福非他賜，道由我培，自利利他永無竭，淨土蓮花是心栽，
古今無數仙和佛，都從塵中作福來。

其七

龍天護佑日日晴，戒幢高豎放光明，
供齋求福福無窮，生生不退菩提心！

六塵不惡，還同正覺，智者無為，愚人自縛，戒本無戒，性無過錯。六塵皆是真宗，萬法無非妙著，如蓮花出污泥而不染，故名曰戒。依戒生定，則了生脫死。依定生慧，則廣度眾生。定慧圓融，則自他兩利，是為大菩薩。

今有某某寺暨信眾，敬設上堂大齋四堂供眾。總為修習普賢萬行因華，莊嚴佛果菩提，聽我偈曰：

佛性人人具足，不分男女老少，
但肯受持淨戒，個個都成佛道。

其八

昨日登高重九節，開壇已授具足式，
再傳三聚清淨戒，菩薩永繼如來業！

上有佛道可求，下有眾生可度，是謂覺有情，此菩薩之責任，荷如來之家業也。能荷如來之家業，是謂佛子。佛子之責任，就是要度一切眾生，故偏袒右肩，表負荷之相，披五衣表度五道眾生，披七衣，表度七趣眾生，披二十五條衣，表度三界二十五有眾生。從今日起，當發不退轉心，永繼如來家業，紹隆佛種。

今有某某寺、某某信徒，共敬設上堂大齋四堂供眾。蓋僧寶為人天導師，故披福田衣，為人天之良福田也。福由戒生，故以戒為師，戒有三聚，一攝律儀戒，願斷一切惡。二攝善法戒，願修一切善。三攝眾生戒，誓度一切眾生。依此三聚成三德，證三身，即是十方諸佛一尊，且道即今，上堂一句又如何舉揚呢？

受戒須知生死大，直向如來行中行。

其九

三衣鉢具佛子相，受持無缺僧寶樣，
嚴淨毘尼戒光徧，清淨心中樂無量。

佛說三藏十二部經，無非都為這一個心。若人識得心，大地無寸土。蓋萬法都為這個心所造也。迷時只迷這個，悟時亦悟這一個。迷時這個不曾減，悟時這個不曾增。視之不見，聽之不聞，非香非臭，無色無聲，捨之則藏，用之則行，放之則彌六合。收之在一微塵，直須迴光返照，始識本有家珍。

今有某某等眾，共敬設上堂大齋十堂供眾。各發菩提心，修學普賢行，都須向這裡踏著一步。可謂發意圓成，三輪空寂。所得之大用，言莫能宣，如其不然，且聽山僧最後舉揚。

水若澄清月自臨，誰人家裡沒觀音，
試看八歲龍王女，千葉蓮花捧足行！

其十

要想增長福慧，必須布施持戒，
若能一念無生，自然受用廣大！

佛號兩足尊，即福德足、智慧足也。吾人求福求慧，當向佛求，佛已滅度，當向僧求，僧為佛子，代表如來，紹隆佛種，故曰眾中尊。當有崇高之戒德，做人天之師範，自尊自重，不可自暴自棄。若自甘墮落，一失足，成千古恨，則大為可惜！

今有本寺監院惟定和尚，為圓滿千佛三壇大戒，求三德菩提，證法報化三身，現前當來，決定成佛，敬設上堂大齋一堂供眾。原為十方常住，十方僧寶。

又有在家菩薩戒弟子十六人共設上堂大齋一堂，為廣修福慧，證悟無生，即身成佛。十方同聚，個個團圓。

山川異域，風月同天，三十二天戒期，倏忽過去，寄語諸人，共結來緣，即今諸佛子，供齋上堂一句，又如何道呢？

三界忙忙何日省，六塵擾擾幾時休，
供齋求戒為生死，齊念彌陀到地頭！

羯磨和尚開示：「人身難得，戒法難逢，人命無常，過於山水，今日雖存，明日難保，你們必須一心勤求精進，慎勿懈怠放逸。」

眾生皆有佛性，人人可以成佛，但要嚴持淨戒，破除妄想執著，才能成佛。

學道如逆水行舟，不進則退，凡事成功難，而破壞易，一念瞋心起，百萬障門開，瞋火燒盡功德林，故戒中云：「忍辱第一道，佛說無為最，出家惱他人，不名為沙門。」一要自利利他，方名為僧。故一切都要謙虛忍辱，不損害於他人。如造房屋，修建很困難，破壞簡而易行。嚴持淨戒，福報無窮。不誦戒即是破戒；回去後，半月半月要誦戒。戒本不可丟，一生都要保存好。

大雄寶殿落成佛像開光法語

民國四十七年五月二十四日至二十六日三天為本寺大雄寶殿落成佛像開光典禮之期。

第一天敦請南亭老師說法，老法師因疾不能前來，特請道源老法師開光，茲錄道老法語如下：「大雄寶殿大佛像，大覺寺內大功成，無量資財無量心，無上福德無上乘。恭維十方大覺禪寺，新建大雄寶殿，新造大佛金身，大功告成，是乃同住諸師之無量心力，以及諸大施主之無量資財所成就。現在即獲無上福德，將來定成無上乘之佛果也。然而當知：一真法界，原是一個大光明藏，一切光明本來具足，固不待開也。雖然如是，即今開光一句，作麼生會？」執毛筆云：「隨拈一法即法界，雖然本具待緣成，為令眾生增福慧，即此毫端現光明。開！」道老說法畢已辭退。

本寺方丈靈老繼續上大供再請開光說法，法語茲錄如下：「佛身充滿於法界，普現一切群生前，隨緣赴感靡不周，而恆處此菩提座。恭維釋迦牟尼世尊降兜率陀天，下王宮，入摩耶胎，於四月八日誕生而為太子，十九出家，三十成道，不動菩提道場而身遍十方，七處九會說《大方廣佛華嚴經》，重重無盡法門，於菩提道場如是而住，於忉利天如是而住，夜摩天、兜率天亦如是而住，於震旦國臺灣省基隆市康樂嶺十方大覺禪寺亦請如是而住。遍十方盡法界無住無不住，靈應萬世，光照千古，有何光之可也？今依俗例強為點開。」

先用毛巾作揩洗狀云：「佛面猶如淨滿月，亦如千日放光明。」次以圓鏡照佛面云：「圓光普照於十方，喜捨慈悲皆具足。」次執筆開點云：「點眼，願一切眾生各得如來清淨五眼。點耳，願一切眾生各獲如來無礙天耳。點鼻，願一切眾生各得如來修直寶鼻。點舌，願一切眾生各得如來廣長舌相微妙辯才。點手，願一切眾生各得如來兜羅綿工巧妙手。點足，願一切眾生各得如來無礙神足。點身，願一切眾生皆得如來清淨莊嚴法身。如來三十二相、八十種好，本在吾人自性如來藏中具足，只因妄想執著未能證得。今本寺護法檀那眾姓弟子共同發心，共造大雄寶殿裝塑釋迦如來，丈六金身，惟願釋迦世尊、光明照臨，宏願加被，施財檀那，福慧齊增，出力工匠，色力健康。善男信女，三災無侵，八難具離。總為共證菩提，齊成佛道。偈云：「歸命釋迦尊圓滿清淨覺；加被我等眾，皆得大解脫。」

第二天來山瞻禮者頗多，又請道老開光說法，法語云：「昨日曾開光，今日光再開，一光無二光，云何開復開？恭維十方大覺禪寺，道場興隆、四眾雲集，今逢大殿落成，大佛開光之期，而以信徒眾多，無法容納，故分日舉行典禮，所以昨日開一次光，今日再開一次光。然而當知：實際理地，一法不立，光之一字，尚不可得，說甚一開再開！雖然如是，即今再開光一句，又作什麼生會？」執鏡云：「實際理地一即非，佛事門中一切是，只要有情獲利樂，哪怕老僧眉拖地。再開！」

第三天為農曆四月初八日，又請隆泉老法師開光說法如下：「佛身充滿于法界，普現一切群生前、隨緣赴感靡不周，而恆處此菩提座。恭維娑婆教主，三身不二，本師釋迦牟尼金蓮座下，誕生于二千五百零二年前之今日。哇地一聲，塵剎國中垂妙相，周行七步，人間天上獨稱尊。苦坐雪山，樹下悟道、不起覺場，頓演七處九會。天上人間，極暢華嚴大經，為中下根談經三百餘會。脫珍著蔽，說法四十九年。法華會上，高唱涅槃，〈方便品〉中，示勝功德。文云：天人群生類，深心之所欲，更以異方便，助顯第一義，世尊為著欲眾生，特開方便，下佛種子，云我滅度後，若有眾生，建大塔廟，供養全身佛像，分身舍利，體不論七寶鐵木磚瓦泥土，以及聚沙成塔，皆已成佛道。所供佛像，不論白銅鋁錫膠漆雕刻彩畫，乃至指甲所畫之像，皆已成佛道。恭敬供養者，無論從容時，瞻仰禮拜，忽忙舉首低頭。皆已成佛道。前皆異方便，助顯成佛道之第一義也。所謂佛從緣起，施沙豈昧因，如是建立塔廟，莊嚴佛像之功德，豈可以心思言議者哉？」

又云：「本寺住持，靈源法師，早鑒于此，素以畫佛菩薩形像，廣結勝緣，更發大心，率領十方善信，合捨淨資，建立大雄寶殿，于基隆市康樂嶺上。三年以來。心勞力切，茲逢道場成就，佛像工竣，特請山僧來此，讚如來之智德，開大眾之心光，諸仁者來此恭敬禮拜，合掌瞻仰，皆植成佛之正因，必獲菩提之道果。然雖如是，即今開光，慶讚一句，又作麼生道？」

結云：「大定不起康樂嶺，覺光普照于十方。開！」數天來，法緣殊勝盛況空前。

安樂寶塔三佛四菩薩開光法語並序

安樂寶塔在臺灣省基隆市安樂區，因地以名塔，為祝生者安樂，亡者安樂故，建造七級浮圖安樂寶塔。自民國四十八年填基開土至民國五十三年二月十九日落成共歷時六年。蒙各方檀那、四眾護法，同心協力，施世間有漏之資財，修出世間無漏之福慧，共建此塔。塔中最上一層塑清淨法身毘盧遮那佛，次層塑圓滿報身盧舍那佛，再次層塑千百億化身釋迦牟尼佛，此是法報化三身如來，千佛萬佛之本體大用。下四層為文殊、普賢、觀音、地藏此四大菩薩，大智大行大悲大願，是教化人天之師範，千佛萬佛之因華，從此莊嚴而成正覺。最下層安置亡人靈骨，得地藏之加被，出地獄苦，生極樂國；次層大悲觀世音菩薩，尋聲救苦，消災免難；次上層修普賢之大行，成文殊之大智，因圓果滿，證三德三身共成佛道。

此乃造塔之本旨。每層蓋以金黃色筒瓦，塔頂葫蘆內，藏有名筆抄寫《法華》、《涅槃》等四大部經，梵文密咒暨各種七寶。每層六角皆懸寶鈴，五色電燈。塔牆髹以紫紅漆、綠色欄杆、黃色門窗。光彩奪目，誠臺島第一寶塔也。二月十九日落成開光典禮啟建開光佛七，由本寺住持靈源老法師主七說法，法語如下：

一、毘盧遮那佛開光法語

南無毘盧教主，華藏慈尊，體遍法界，量等太虛，光明遍照於十方，慈悲普育於群靈，塵塵混入，剎剎圓融，眾生心內諸佛，諸佛心內眾生；自是吾人各迷自性，不能與諸佛同一鼻孔出氣。心外取著，見佛叩首；由是於無形像中，強塑形像，頭頂毘盧五佛之冠，手作毘盧千聖之印，結跏趺坐，號毘盧遮那佛。塑像圓成，今日開光；且道梵語毘盧遮那，此云光明遍照，亙古亙今，未曾有閉，云何開也？看破心頭一點塵，十方何處不光明，紺清佛眼常相照，順世不妨又點睛。

二、盧舍那佛開光法語

梵語盧舍那，此翻淨滿，慈尊諸患淨盡，三覺果滿，即說一乘圓教之報身佛。自報即理智如如身，他報即相好無盡身。萬行因圓，萬德果圓，故名圓滿報身盧舍那佛。端居千華台上，妙應難思；遊戲百寶光中，隨緣普度。舉筆點云：「須一點開青蓮之眼，為眾生示滿月之容，這個方便門中，一點不可少也。爾諸人等還欲見否？」若欲見時聽吾偈云：「分別一切法，皆悉無真實。如是解諸法，即見盧舍那。」

三、釋迦牟尼佛開光法語

佛日高懸，遍大地盡是光明藏。法雷遠震，滿十方無非勝道場。真空絕相，離相非真，妙道離言，無言不妙。試觀紺目金容，現四十八之妙相，玉毫卍字，放百億之寶光，信瑞應於斯時，寶祥開於吉運。伏念弟子眾等，幸蒙世尊教法，寶渴仰於清淨妙明，仰賴大慈開迷，敢圖報於紫金光聚，今已刻木範金，莊嚴法相，用是選定今日開點靈光，伏願

釋迦如來，現真實相，放無量光，巍巍蓮座，作眾生低頭禮敬之因，昱昱金軀，示弟子瞻仰取信之教。皈依則三途盡拔，秉教乃十地頓超，《華嚴》偈

云：

佛身充滿於法界，普現一切群生前，
隨緣赴感靡不周，而恆處此菩提座。

四、文殊菩薩開光法語（舉密雲祖師讚）

「文殊大智利，獅兒親踞地，過去七佛師，即今誰弟子，輩輩大丈夫，自有衝天志。」──《華嚴清涼國師禮讚》云：「示居此土，生有十徵，來自他方，體含萬德，降魔制外，通辨難思，化滿塵方，用周三際，道成先劫，已稱龍種尊王。現證菩提，復曰摩尼寶積。實為三世佛母，豈獨釋迦之師。」──今者弟子眾等，刻木範金，造像圖成，涓定今辰開點靈光，伏願聖恩加被於凡夫，放無量光，示真實像，皈依則智頓開，茅塞盡除。禮拜則三途皆拔，共出沉淪，諸人等今日有大福緣，遇此盛會，共植菩提之種子，將來皆得成佛道。

五、普賢菩薩開光法語（舉張齡居士語）

現沒量身，跨六牙象，入音聲海，為法城將。十大願王，至高無上，絕妙言辭，單提獨唱。轉塵沙劫，遍虛空藏，峨嵋金頂，分明在望。一輪皎月，十分圓相，稽首法雲，至心皈向。即今塑相圓成，眾等增福無量。普賢身相如虛空，依真而住非國土，今日屈留此法會，無住而住如是住。

六、觀世音菩薩開光法語

尋聲救苦，隨求與樂，大慈大悲，人天攸托。三十二應，神變無窮，從聞思修，妙顯圓通。反觀自性，五蘊皆空，諸佛眾生，體性原同。精勤修學，波羅蜜多，無常迅速，切勿蹉跎。鈍根凡夫，自力難救，菩薩大悲，救以神咒。今刻木範金，圓成法相，眾生皈命，為有模樣。寶座分身，普應群機，淨瓶楊枝，灑淨眾疑。業深障重之凡夫，即今開光皆獲菩提之道種。慧淺福微之眾生，自斯皈命共登極樂之慈航。眾生有盡，悲願無窮，我今頂禮第一圓通。

七、地藏菩薩聖像開光法語

忉利天宮，親受佛敕，虛空有盡，悲願無極，寶珠在掌、拔救世間窮困，金錫振威，擊碎地下牢獄。有沉苦者即刻救度，說甚要待慈氏，那堪再候當來，即今投誠皈命，惡業消除，放下屠刀立地成佛。今者眾弟子等，刻木範金，造像圖成，涓定今日開點靈光，伏願聖恩加被於凡夫，眾生業障齊消除，定業頓空於剎那，譬如利刀斬亂蔴，莫尋思禮地藏王災消福集萬世昌，今日開光諸施主，稽首皈依地藏王。

結云：

即今七層塔內，三佛四菩薩，開光典禮已畢，以此建塔造像功德，專為祈禱世界和平，人民安樂。會內眾僧，戒乘具急，求為人間福田。施財檀那，建塔工匠，皆增福慧，發菩提心，同受無上法樂，共證大覺菩提。生安樂國，皆成佛道。

法藏蓮社佛菩薩像開光法語五則

民國五十六年，農曆丁未正月二十五日，靈源受木柵「法藏蓮社」，慧忍法師之請，恭為阿彌陀佛、觀世音菩薩、地藏王菩薩、韋馱菩薩、伽藍菩薩，舉行開光典禮。

一、阿彌陀佛開光法語

皈命世尊，無量光壽。身為我現，手為我垂。覺我等之迷，護我等以念，資我法乳，常為我師。佛其如是，我復何之？萬緣東謝，一意西馳。虛空可壞，此志不移。今日法藏蓮社，慧忍法師，塑成彌陀，六七金身。要依俗例，請山僧開光。夫十方諸佛，彌陀第一。寂照常光，恆即真而即俗，大圓鏡智，原非色而非空。既遍周沙界而不藏，願隨眾緣而權現。妙應本虛，至虛能應。真空絕相，借相表真。是故彌陀從無相中現相，眾生向有心處安心。所以道：隨緣不變，萬法唯心。不變隨緣，心唯萬法。要識光明遍照處，試看衲僧今日為佛開光。

先用毛巾作揩洗狀，次以鏡照面云：

拭去眾生心地塵，大圓鏡智放光明，
凡聖本來無差別，悟得靈光在自心。

執筆點云：

我用這一點，點開智慧眼，
佛眼也開，法眼也開。
諸佛如是，願一切眾生，皆得如是。
五眼具開照大千，萬象森羅在目前。
接引有情生極樂，念佛同登蓮華台。

二、觀世音菩薩開光法語

南無過去正法明如來，現前觀世音菩薩。以大智為體，以大悲為用。三輪並運：三觀齊修。故得十方圓明，二種殊勝。於是五蘊皆空，二死永亡。上同諸佛，現三十二之應身；下合含識，施一十四種之無畏。本正法明而作佛，原為釋迦之師；現千手眼而度生，又作彌陀之輔。願深無量，與毘盧同稱丈夫；德舉一毫，雖普賢莫知邊際。所以六十二億之名號，一念齊收，二十四聖之法門，都歸揀別左輔雖在安養，攝生現居娑婆。超越五濁，斷惑證真，得名自在。廣度眾生，尋聲救苦，故號觀音。良以娑婆世界，苦惱太多。堪忍眾生，耳根最利。惟我

觀音大士，慈悲心切。於此惡世，恩德殊深。上自四聖，下及六凡，逐類隨形，與樂拔苦。孰有威神之力，巍巍如是者乎？慈悲恩深，縱碎心莫報；老婆心切，實粉骨難酬也。

今日法藏蓮社，慧忍法師，奉塑金身，命山僧隨俗例為菩薩開光；先用毛巾作

揩洗狀，次以鏡照面，舉筆云：

點眼，願一切眾生皆得如來智慧五眼。
點耳，願一切眾生皆得如來無礙天耳。
點鼻，願一切眾生皆得如來修直寶鼻。
點舌，願一切眾生皆得如來廣長舌相，無礙辯才。
點身，願一切眾生皆得如來莊嚴法身，三十二相，八十種好，本在吾人心地如來藏中具足，只因妄想執著未曾證得。今日法藏蓮社，護法檀那，眾姓弟子，共同發菩提心，造菩薩聖像，願人人各證如來法身，共獲自在。
大慈大悲，救苦救難，苦海茫茫，回頭是岸。
南無觀世音菩薩（三稱）

三、地藏菩薩開光法語

具大誓願地藏王，救災拔苦心最切，

眾生度盡誓方休，地獄空時願始息。人但知菩薩地獄救苦，不知菩薩無處不現。人但知菩薩臨時扶持，不知菩薩無時不念。菩薩法身雖周遍法界，菩薩化身獨住最苦地獄。悲念之切在諸佛菩薩中，更無超過也。若言化跡，示生新羅國而為太子。安住九華山現比丘相。靈應十方，光照千古，有何光可開耶？

今依俗例，免為開點。（同前）開點畢，偈云：

十輪重匡末法，三輪盡裂疑綱，
三途惡道永離，三心盡未來際。
南無大願地藏王菩薩（三稱）

四、韋馱菩薩開光法語

韋馱天將，菩薩化身，寶杵鎮魔，祈禱必靈。全仗弘誓擁護，樹立千古門庭。且道今日靈源為菩薩開光一句又作麼生道呢？點開淨妙通天眼，福利恆沙無量人。

五、伽藍菩薩開光法語

伽藍主者，合寺威靈，王城牆塹，佛國翰屏。眾生心願，神目分明。今日大眾祈求，永保梵剎安寧。舉筆點開智慧眼，徹照凡夫善惡心。

千佛寺佛像開光法語

佛身充滿於法界，普現一切群生前，
隨緣起感靡不周，而恆處此菩提座。
如於此處見佛坐，十方世界亦如是，
佛身無去亦無來，所有國土皆明現。
一佛即是千佛，如月印千江之水，
千佛即是一佛，法報化三身不二。

今於本寺共塑千佛，即名千佛禪寺，為之聯曰：

千百億化身，出現人間為度眾生登覺岸，佛法僧住世挽回劫運須銷魔障顯慈雲，忘機則佛道隆，分別則魔軍至。

今日開光隨喜供養者，舉手低頭皆成佛道。諸仁者，即今來此參加開光，瞻仰合掌恭敬禮拜，同念聖號，同植成佛之主因，其修無上之福慧，一花一果同是妙供，一瞻一禮，福增無量，明中布施供養，暗獲無上福田，作有為之功德，成無漏之正因，萬古千秋，永世不磨，妙在發此真如心，開自性之光明藏。即此一真法界，不離自心，一切光明本來具足，更不待開也。雖然如此，即今，身對千佛，為諸大德說開光一句，又怎麼生道呢？

隨拈一法即法身，雖然本具待緣成，
千華座上千尊佛，今日為眾放光明。

佛陀林佛像開光法語

父母未生以前，大地眾生本有佛性，

父母既生以後，蠢動含靈皆有佛性。

凡有佛性，皆當作佛。若然，則大地眾生云何不成佛呢？

過在不修悟耳，須自修自悟始得。

瑞智和尚，出家湖南，早已自修自悟，今為利他起見，在基隆市康樂嶺建造佛陀林，新修大殿，今日落成，並為佛陀開光，然佛陀智光，豎窮三際，橫遍十方，亙古亙今，普周法界，何用開得？此初建道場，今日落成，方便說為佛陀開光耳。即開吾人自心之光明也。吾人不遇佛法，不知自心光明。諸從緣起，道場亦復然，普度諸眾生，各發菩提心，菩提之心，即光明之自性也。此心即佛，功德無量。《華嚴經》云：「剎塵心念可數知，大海中水可飲盡，虛空可量風可繫，無能說盡佛功德。」

今日欲盡佛功德，但觀吾人清淨自性。自性真空無邊際，佛陀光明亦無盡，是真開光也。大眾各澄心念，開佛知見，開佛光明！開！

基隆慈雲寺建寺百週年慶典

大士發心無始劫，所事如來觀音佛，
從因感果若持券，故能獲證名不異，
建寺百年號慈雲，祝告祭典在安樂，
為度十方諸有情，生死循環受諸苦，
一稱聖號即往救，是故名為觀世音，
能救之智即機境，所救機境豈離智，
唯智唯境常互融，是故亦名觀自在，
機境原空智亦無，是生是佛亦假名，
一切眾生一切佛，剎那頓入三摩地，
百年祭典原亦假，為今吾儕共發心。

基隆十方大覺禪寺住持靈源　敬賀

佛教會啟建「仁王護國般若法會」

佛說一切法，總不離現前一念之心；此心即是萬法之總持，凡聖的樞紐。此心在眾生即是煩惱妄想，在諸佛即是菩提涅槃。此心在耶穌基督即是上帝，全知全能。但可惜基督教徒不知上帝即是我們的心，向外馳求即是外道；刀兵人禍天災瘟疫，都是吾人自心共業所感召，非上帝所與；國家法律，只能治眾生造業之後果，不能治眾生造業之因心。佛教的戒律，先治眾生妄想造業之因心，如明醫治病，先探其病之根源，然後投藥，必能奏效。佛為大醫王，說三學以救眾生，以戒治心，以定治妄，以慧治國，則世界大同矣。

然治國平天下，要有賢明的仁王，一國有仁王，則一國太平；各國君主都為仁王，則世界大同。仁王依何治國耶？要依般若。般若即是智慧，所以救愚癡；愚癡是起惑造業的原因，因愚癡而瞋殺眾生；世界戰爭，一切禍亂，都由愚癡而造成。他們自以為聰明，能造飛機大砲，各種利器，殺害眾生，實則互相摧殘，自他具遭滅亡。故佛說戒以救貪，說定以救瞋，說慧以救癡；以此三無漏學，對治貪、瞋、癡三毒。眾生三毒不起，戰爭自然停止，天下太平無事矣。

今我中國佛教會，啟建「仁王護國般若法會」，是發揚佛教根本治心之法。依經所說：修護國般若，受持讀誦，講解此經，三業無失，起六和敬，必能滅禍於無形。遍觀世界各國，倡救世之說者甚多。我國有孔子、老子、楊朱、墨翟、歐美有耶穌基督，乃至回教等教，皆以救世為宗旨，止惡修善為主義。然皆不知自救其心，而求上帝，迷惑神權，根本不治，豈能治國治世？故欲救世，非佛法不可。蓋三毒不除，戰爭不息，世不能救。欲除三毒，非修三學不可；此佛法之所宜尊重也。「護國息災法會」，應當每年舉辦。實行仁王護國般若，必能安定世界。

在水陸法會中談談水陸

一、水陸的起源及意義

這回水陸的發起，是為我師公虛雲老和尚三週年而設的，因為他老人家一生歡喜打水陸，為子孫者，應當效法。今大略談談水陸的起源及意義。欲談佛法，先說佛的修因：佛號兩足尊，即「福德」、「智慧」兩樣都完滿充足，這是佛的果德。考其修因，是用六度萬行修成的。六度萬行的第一度即是布施。所謂未成佛道先結人緣。布施有二種：一財施，二法施。財施令眾生得福，不受飢寒之苦。法施令眾生得慧，不受愚癡之苦。我佛因中慈濟眾生，財與法二種並施，後得兩足尊之果。故吾人最初學佛，先學布施。佛授阿難尊者施食，名曰瑜伽焰口，但施鬼趣。

我國梁朝武帝，在萬機餘暇之中，遊心佛理，嘗於夜間，夢見一個高僧，對武帝道：六道四生，受苦無量，宜建水陸大齋普濟群生，同生淨土。帝於明旦，問諸群臣及沙門等，都不知其義，唯有誌公禪師勸帝廣尋經教，必有因緣。帝即遣使迎請《大藏經》，在法雲殿，積日披覽，創造儀文。積三週年，遂成此水陸儀軌，就於殿內，嚴建道場，手中捧著儀文，命將所點燈燭悉滅，告白三寶，而自誓道，若此水陸儀文，理義協合於六道凡夫三賢十聖，願拜起時，燈燭不燃自明。若此水陸儀文，體式未詳，無所利益，則此燈燭暗已不明。說完時，對佛一禮，燈燭忽然自明，不用燃點。再禮時宮殿震動，三禮時空中雨花。帝乃在江上金山名勝之地，擇定二月十五日，始命僧佑律師宣讀儀文，當時利益群品，應驗甚多。於是水陸大齋之行，因此大盛。

以上是水陸起教的根源，總言之，即擴大瑜伽焰口阿難施食的遺意，但焰口僅施鬼道之法食，而水陸則遍施六道及四聖十法界之法食，故功德比焰口大無數倍也。

二、問答釋名

問：云何名曰水陸呢？

答：水陸二字，舉一切眾生的依報，即一切眾生出生依靠的地方。因為世間一切眾生都依水與陸而生存的，離水與陸之外，無有眾生可度，故不言空。

問：鳥在空中，為何不說耶？

答：鳥飛空中，不能在空中生存，仍在陸上生故。

問：四空天的天人，居住在空中，云何不言耶？

答：四空天的天人，住在空定中，以為自己已得無上菩提，生死已了。佛出世時亦不來聽法，此是三途八難中的長壽天難。不知八萬大劫後，仍要退墮三途，如鬱頭藍弗。故佛所不度，召請時亦不會來的；故但言水陸，而不言空也。今舉水陸二字，攝生已盡，超度已畢。

問：何以名為內壇？

答：四聖六凡名曰十法界，包括一切聖凡眾生，十法界雖廣，不離一心，唯心所造，心包太虛，故諸佛是吾人心內諸佛，念佛即是念心，佛法界既在我心中，餘九法界亦不離我心中。即吾人現前一念之心具九法界之緣慮，而現前一念之心若緣上品十惡起殺盜淫，即是地獄法界。緣中品十惡起貪瞋癡，是畜生法界；緣下品十惡貪念不斷，是餓鬼法界。緣下品十善為慮，癡心偏重，是修羅法界；緣中品十善為慮，是人法界。緣上品十善為慮，是天法界。緣偏空寂滅為慮是聲聞法界。緣因緣性空為慮是緣覺法界。緣六度齊修為慮，是菩薩法界。緣自他平等，清淨妙明為慮，是佛法界。《華嚴》偈云：「應觀法界性，一切唯心造。」故吾人一心之內即包含十法界。諸佛在吾人心中，吾人亦在諸佛心中。十法界光光相攝，元是一體。今內壇之中。十法界圖像悉備，唯此心外無物，了此名曰內壇。

三、水陸的感應

水陸有利群品，是財法並施，應驗甚多，儀軌中說唐高宗咸亨年中，長安法海寺，有一位英禪師，因在夢中，到泰山府君所，為泰山府君演講佛法，過十天後，一人獨坐方丈室中，見一異人，衣冠甚偉，來前說道：弟子向於府君所，竊見禪師尊容，且知禪師慈德廣大，利物甚多。弟子聞世間上有水陸大齋，可以利霑幽冥，其文是梁武帝所集，今大覺寺吳僧義濟得之，久藏巾箱中，殆欲蠹損，願師往求之。請在來月十五日，如法修設，功德無量。英公許之，尋往大覺寺，果得儀文。遂克月依法修齋，齋完的一天，復見向異人率徒屬十數眾，前來致謝道：弟子即秦莊襄王也。又指其徒從云：「此范睢、穰侯、白起、王剪、張儀、陳軫，皆是秦臣，咸坐本罪，幽囚陰府。昔日梁武帝於金山設水陸大齋時，前伐紂王之臣，皆免苦得脫。今蒙吾師設齋懺罪，弟子與此輩，並列國君臣皆承善力將要托生人間，處世異國殊，故此來謝。」言訖而隱。

自是英公禪師，常設此齋，而後世遵行，至今尤盛。我師公虛雲老和尚，亦效英公常設此水陸大齋，感應亦多。如民國八年師在雲南，唐督繼堯請在昆明忠烈祠啟建水陸道場，法會開始，全堂各壇蠟燭盡開燈花，如蓮花狀，霞彩奪目。送聖時空中現出幢幡寶蓋，飄漾雲中，全城目睹。民國三十一年冬，受林主席請，在重慶慈雲寺，華嚴寺分建法會，歸途中皈依者四千餘人。民國三十五年九月在廣州六榕寺建水陸大齋，結壇時緋桃開花，皈依者數萬。此水陸大齋，默移天心，潛增福慧，有不可思議的功德。凡世之人，有欲息災除病者，有欲求願乞福者，有欲超度先亡者，皆有不可思議的轉移，在人不自知覺耳。況經有云：「施諸鬼食，便能具足無量福德，同供養百千俱胝如來功德等無差別。」信乎！施鬼趣之食，既同供佛，亦應用彼三乘及餘五趣。然則即此一食，普霑法界，平等廣大，事盡理到。如南嶽禪師所說，上供十方佛，中奉諸賢聖，下及六道品，等施無差別，即此義也。此水陸大齋，盡法界，等聖凡，即水陸空行，一切有生，悉舉而普度之。如為一人，眾多亦然。既飽以食，又施以法，法施食施無有二相。《淨名》所說，於食等者，諸法亦等，諸法等者，於食亦等。蓋此大乘法食，體是法界，是無上第一法施。動天地，感鬼神，警昏迷，燭幽闇。不離當念能發道心。不離此心能開智慧。功在施者、說者、善觀想、善用心耳。

敝寺今秋法會已過，待民國五十三年春期，三月初一日開始至四月初八日圓滿，代我師公老和尚傳授三壇大戒再建水陸，普利群品，望諸檀越，發心參加，無論功德多少，一概進入內壇，平等觀待，務請各人善用此心，多多念佛。

十方大覺禪寺募化緣啟

基隆十方大覺禪寺樂捐緣啟

夫佛法東流，光被四表，溯自百丈禪師，創建叢林之制，賴以續傳慧命者千有餘年。今者人心溺陷，赤焰橫流，如來正知正見不至泯滅者幾希。本省位重東南，尤以基隆綰國際交通孔道，竟無一十方叢林，廣棲緇素，各地往來佛徒，倉卒到此，掛褡無枝，弘教倡宗，又無適當道場，四眾苦之。茲者，前南華寺方丈靈源法師蒞此。覽勝之餘，發現基隆市安樂區觀音町，呈現一福地，外隱內開，寬約四千坪許，水環山抱，佳氣咸收，洵堪作本省北部第一弘法道場，殆造物含蓄已久，而未經人發現之靈山也。於是緇素騰欣集議，公舉靈源法師董其事，就此山建一十方叢林。賜曰：「十方大覺禪寺。」

法師為宗門大匠虛雲老和尚之嫡嗣，教昌華嚴，宗明心印，禪淨兼攝，三乘並宣，久為眾所共仰。今願獻身為四眾當此艱鉅，荷擔大法，諒必諸緣輻輳，願不唐勞。唯茲事體大，既非一人一地之事，更非一人一地之力有成，所望諸方大德。各界善信，廣布財施，共襄斯舉，俾剋期有成，慧日高懸於雨港，法音大震於海潮，世運與道緣并茂，寧不懿歟是為啟。

基隆十方大覺禪寺籌備處敬啟

（一）創建安樂寶塔緣啟

臺灣是我國復興基地，基隆是臺灣重要港口，此時此地，建寺建塔，實有殊勝因緣。蓋建寺係弘法利生，善化人心，建塔係慎終追遠，報佛祖深恩，所以維持世道人心者在此。若約塔言，上六層為報佛深恩，塑佛菩薩聖像，下一層為令亡者遺體有所歸宿，生者心靈得以安慰，寄放靈骨。建在基隆者，遙望家鄉，乘長風而一葦可渡，同登彼岸，駕慈航而寸步不移。茲分別申述之：

1. 按塔有顯密二教之別，顯教以做為高德之標幟，即所謂舍利塔。密教以為大日如來之三昧耶形，其形與五輪（即兩臂兩膝及頭之五處）成身同。因而許為結緣追福，建於一般僧俗之墓處，名窣堵坡。在我國曰塔。

2.依臺灣習俗，多用火葬，將靈骨寄存塔內，一則可垂永久，二則便於拜祭。火葬即佛教所謂荼毘，古來高德有以自身三昧真火焚化者，故在此地不宜土葬，宜用火葬。基隆水陸交通便利，靈骨寄存塔內，於拜祭及轉運上，極為方便，這是對死者靈骨而言。

3.儒家傳統思想，是要人對父母，「生」事之以禮，「死」葬之以禮，祭之以禮。又曰：「祭如在。」、「祭神如神在。」即是佛教所謂「生死一如」，不僅對自己的父母如此，並且要推而廣之曰：「老吾老，以及人之老；幼吾幼，以及人之幼。」又曰：「親親而仁民，仁民而愛物。」即是佛教所謂「一切男子是我父，一切女人是我母」、「無緣大慈，同體大悲」，以是義故，若有人臥斃，不得安葬，見者莫不憐憫。所謂「惻隱之心人皆有之」，何況是自己之父母，或眷屬朋友乎？必定為之安葬，方得安慰。這是對生者心靈而言。

4.為成就如是功德莊嚴起見，特在本寺附近，擇地填墓，建築安樂寶塔，七級浮圖，以示往生安樂國之義。但工程浩大，填基三年來造成三層，工已及半，預計需建築費八十萬元，再有四十萬元即可完成。釋提桓因過去因中以建塔而做天王，真實不虛。今塔之最上第一層，塑清淨法身毘盧遮那佛，第二層塑圓滿報身盧舍那佛，第三層塑千百億化身釋迦牟尼佛，第四層塑大智文殊師利菩薩，第五層塑大行普賢菩薩，第六層塑大悲觀世音菩薩，第七層塑大願地藏王菩薩。周圍安放靈骨，中懸幽冥鐘晝夜撞擊，春秋大祭，香火不絕。願以此功德，普及於一切。希社會賢達，大德長者，發心贊助，皆植菩提種子，因緣成熟，枝葉花果，悉皆繁茂。《金剛經》所謂「無相布施」用此意義，可說是無生者之我相，無死者之人相，集佛儒兩家思想之大成，故建塔建寺，其福德皆不可思量。

5. 說到安樂塔的名稱：因此地為基隆市之「安樂區」區公所所屬地，因地得名，故曰「安樂」。又西方極樂世界，別名「安樂國」，為祝此死者往生淨土，故名「安樂」。塔成之日，不獨生者、死者安樂，施者、受者安樂，即隨喜者、瞻仰者、禮拜者、一切人天鬼神，無不安樂。以同此心，同此理故，故名之曰「安樂塔」是為啟。

（二）募造萬緣殿緣啟

基隆十方大覺禪寺，為十方僧侶共有之道場。有觀音殿，有地藏殿，惟大雄寶殿尚付闕如。雖已將地基開闢平整。而以建造工程較大，經費籌措維艱。源朝夕祈禱佛前，只冀因緣早日成熟，以遂弘法利生之願。乃於我佛誕辰前夕，在禪房靜參思慮沉寂中，忽蒙佛恩啟示，謂源曰：「時逢末法，浩劫空前，允宜挽回人心，共同向善，方可解除一切苦厄。諸法由緣生，為佛教定理，尤應結萬人緣，建萬緣殿。」今大雄寶殿，懸未落成，若得眾緣資助，集少成多，殿宇造成，即可消業消災，挽回浩劫，以少分淨施，獲無量功德，眾擎易舉，行願雙成。大雄立名，表明威德。萬緣用意，顯示慈悲。眾生痛苦重重，慈悲救濟不遑，萬緣殿建，萬人心建，萬人解囊，萬劫消弭，契機契理，曷亟圖之。

源經我佛殊勝指點，身心頓時朗悟，敬將佛示經過，緬述眾知，特為發起募建萬緣殿，遵佛平等意旨，老幼無分，貧富無別，一人出臺幣，以十元為限。家庭丁口眾多者，添列一名，則加具十元之數。凡為祖宗父母超薦者，或為親戚朋友祈福者，均可添名於冊，按照上項規定出資，發心結緣，如達到萬人，功德即稱圓滿。萬緣殿中，立碑一方，依收款前後次序，鐫名於上，募造人士，一併題名，以垂永久。是此慈悲平等，萬善同歸，廣結法緣，莊嚴佛土之舉，當必為各大善信所樂予贊助，而踴躍布施者也。

釋靈源謹啟

（三）募造延壽堂緣啟

生老病死，人生所不免，若無此苦，即無人學佛，生時之苦，人所不覺，年老人力不隨心之苦，及病時之苦，人所共知。今本寺為年老人設延壽堂，又云老人修心堂，晝夜六時，專以念佛為功課，求生淨土為目的。若不肯修行，雖年老人亦不接受。今鳩工募造水泥鋼骨七大間，每間隔成小間，為過五十歲以上年老男眾，真實修心學佛人，安居用功。伏祈世界仁賢，十方善信，以己之老，及人之老，慨出淨資，成就善舉，植菩提之種子，作成佛之正因，功德無量。

基隆十方大覺禪寺

住持 釋 靈源 啟

監院 惟定

（四）募化安樂寶塔金色筒瓦緣啟

塔在基隆市安樂區，因地以名塔，為祝生者安樂，亡者安樂，建造安樂寶塔，自民國四十八年填基開土，今已完成四層，明年再造三層，即可圓滿七級浮圖。塔中最上一層塑清淨法身毘盧遮那佛，次層塑圓滿報身盧舍那佛，再次層塑千百億化身釋迦牟尼佛；此是法報化三身如來，千佛萬佛的本體大用。下四層為文殊、普賢、觀音、地藏，此四大菩薩大智、大行、大悲、大願，是教化人天的師範，千佛萬佛之因華，從此而成正覺。

現寶塔已築成四層；萬行因華將近果海。下層左右安置亡人靈骨，得地藏之加被，出地獄苦，生極樂國；次層大悲觀音尋聲救苦，消災免難。以上修普賢之大行，成文殊之大智，因圓果滿，證三德三身共成佛道，此乃造塔之本旨。若施一錢之金，得生天上，或為天王，或為玉帝，經中有據，真實不虛。今寶塔將近落成，須預定金色琉璃筒瓦，塔頂葫蘆，塔內佛像，各種莊嚴，願諸護法檀那，各位善士共修萬行因華完成此舉，施世間有漏之資財，成出世無漏之福慧，發菩提心，早成佛道。

十方大覺禪寺住持靈源、監院惟定　仝啟

（五）募建天王殿緣啟

蓋開闢舍衛祇園，布金重乎須達，莊嚴梵宇，捨宅欽夫希文，斯可謂萬古宏勳，千秋偉德矣。

基隆十方大覺禪寺，創建已十有三年，全賴乎各姓護法幫助，今已將告圓成，唯護法韋馱四大天王殿，尚在設法建築於寺前，仰本寺各姓護法同心勸募，喜捨者同證菩提，樂輸者咸臻覺路，功德永垂不朽，終乎共成佛道。樂助者（四大天王四尊，韋馱菩薩一尊，水泥、紅磚、琉璃筒瓦、石灰、鋼筋等）均可。

（六）募化天王殿金色琉璃筒瓦緣啟

夫世尊說法，以布施為六度萬行之首，群生學佛以結緣為修福之基；出家二眾為世間住持僧寶無上福田，造寺建廟為人間求福處所，一舉手一低頭皆植成佛之種子，故見相而發心，聞經而悟道，開發眾生之善根，唯遵我佛之教規，依六度而修持先獲人天之福報，終成無漏之種子。

基隆十方大覺禪寺，自民國四十三年開山，迄今已有十八年之工程歷史，住僧四十餘眾，為臺灣僧伽最多之道場，前年募建天王殿中塑四大天王，彌勒、韋馱都是香港善信功德，茲近全部工滿，唯屋頂須蓋金色琉璃筒瓦，依工人測量，即共需港幣七千二百元，因在臺募化困難不得不求助於港僑，喜捨者功德無量，福有攸歸，本寺完工在即，唯希善心人隨布施圓滿功德耳。

民國六十年（一九七一年）冬季

基隆十方大覺禪寺住持僧靈源啟

（七）本寺佛菩薩聖像一覽（以下為民國五十五年資料）

供奉堂殿區分	佛像名號	數量	質料	備註
大殿	釋迦牟尼佛	一尊	泥土	坐像
大殿	韋馱菩薩	一尊	木質	立像
大殿	伽藍菩薩	一尊	木質	立像
大殿	觀世音菩薩	一尊	泥土	立像

大殿	十八羅漢像	十八尊	宣紙	坐立像
祖師殿	上虛下雲老和尚	一尊	木質	坐像
大悲殿	千手觀音像	一尊	木質	坐像
地藏殿	地藏王菩薩	一尊	木質	坐像
延壽堂	藥師佛	一尊	泥土	坐像
西歸堂	地藏王菩薩	一尊	泥土	坐像
念佛堂	阿彌陀佛	一尊	木質	立像
念佛堂	觀世音菩薩	一尊	木質	立像
念佛堂	大勢至菩薩	一尊	木質	立像

禪堂	觀世音菩薩	一尊	木質	立像
講堂	釋迦牟尼佛	一尊	鏡框	坐像（掛）
講堂	彌勒菩薩	一尊	瓷器	坐像
五觀堂	阿彌陀佛	一尊	鏡框	立像（掛）
安樂塔	毘盧舍那佛	一尊	木質	坐像
安樂塔	盧舍那佛	一尊	木質	坐像
安樂塔	釋迦牟尼佛	一尊	木質	坐像
安樂塔	文殊師利菩薩	一尊	木質	坐像
安樂塔	普賢菩薩	一尊	木質	坐像

安樂塔	觀世音菩薩	一尊	木質	坐像
安樂塔	地藏王菩薩	一尊	木質	坐像
六角亭	觀世音菩薩	一尊	石刻	立像
水陸壇	水陸佛菩薩等	全幅	宣紙	裱褙掛圖
地母殿	地母娘像	一尊	泥土	坐像
地母殿	十二宿神像	十二尊	泥土	坐像

（八）本寺法器、貢具數量一覽表（以下為民國五十五年資料）

品名	單位	數量	質料
（大）銅磬	個	一	青銅
（中）銅磬	個	一	紅銅
（中）銅磬	個	五	黃銅
（大）木魚	個	一	樟木
（中）木魚	個	一	木
（小）木魚	個	十	木
鐺子	把	五	銅

鈴子	把	五	銅
引磬	把	五	銅
大鐘	口	一	鐵
（中）鐘	口	一	鐵
大鐘	口	一	鐵
大鼓	面	二	皮
（中）鈴鼓	付	二	皮銅
（小）鈴鼓	付	一	皮銅
小手鼓	面	二	皮

（大小）香爐	個	四	銅
檀香爐	銅	三	銅
寶鼎	座	一	鋅鐵
（中）燭台	付	七	銅
（小）燭台	付	三	銅
（中）燭台	付	一	木

（九）本寺經、藏、懺一覽表（以下為民國五十五年資料）

經名	單位	數量	備註
《大藏經》	部	一	
《梁皇懺》	部	十二	線裝本十部、平裝本二部
《三昧水懺》	部	三十	摺本十四部、線裝十六部
《金剛懺》	部	十五	梵本
《地藏懺》	部	十	梵本
《血湖懺》	部	二十八	平裝
《大悲懺》	部	十八	梵本五部、線裝十三部

《金剛懺》	部	七	四部合訂梵本
《焰口集》	部	七	摺本
《齋天儀》	部	七	摺本
《地藏經》	部	九	梵本
《淨土懺》	部	七	摺本（自抄）
《藥師懺》	部	八	

智慧海 57

靈源夢話

Ven. Ling Yuan Leading the Path

著者	靈源老和尚
出版	法鼓文化
總監	釋果賢
總編輯	陳重光
編輯	釋果興、李金瑛、林蒨蓉
封面設計	小山絵
內頁美編	小工
地址	臺北市北投區公館路186號5樓
電話	(02)2893-4646
傳真	(02)2896-0731
網址	http://www.ddc.com.tw
E-mail	market@ddc.com.tw
讀者服務專線	(02)2896-1600
初版一刷	2014年4月
初版二刷	2014年6月
建議售價	新臺幣250元
郵撥帳號	50013371
戶名	財團法人法鼓山文教基金會—法鼓文化
北美經銷處	紐約東初禪寺 Chan Meditation Center (New York, USA) Tel: (718)592-6593 Fax: (718)592-0717

法鼓文化

國家圖書館出版品預行編目資料

靈源夢話 / 靈源老和尚著. -- 初版. -- 臺北市：
法鼓文化, 2014.04
面； 公分
ISBN 978-957-598-641-4（平裝）

1. 佛教說法 2. 佛教教化法

225 103003821